旅游景区管理

主　编　钱永红　朱　娟
副主编　曾维静　罗小军　庞小笑
参　编　侯　琳　朱洪端　黄　磊

北京理工大学出版社
BEIJING INSTITUTE OF TECHNOLOGY PRESS

版权专有 侵权必究

图书在版编目（CIP）数据

旅游景区管理 / 钱永红，朱娟主编 . -- 北京 : 北京理工大学出版社，2021.12

ISBN 978-7-5763-0720-7

Ⅰ . ①旅⋯ Ⅱ . ①钱⋯ ②朱⋯ Ⅲ . ①旅游区 - 经营管理 Ⅳ . ①F590.6

中国版本图书馆 CIP 数据核字（2021）第 249958 号

出版发行 / 北京理工大学出版社有限责任公司	
社　　址 / 北京市海淀区中关村南大街 5 号	
邮　　编 / 100081	
电　　话 /（010）68914775（总编室）	
（010）82562903（教材售后服务热线）	
（010）68944723（其他图书服务热线）	
网　　址 / http://www.bitpress.com.cn	
经　　销 / 全国各地新华书店	
印　　刷 / 定州市新华印刷有限公司	
开　　本 / 889 毫米 ×1194 毫米　1/16	
印　　张 / 12.5	责任编辑 / 李慧智
字　　数 / 272 千字	文案编辑 / 杜　枝
版　　次 / 2021 年 12 月第 1 版　2021 年 12 月第 1 次印刷	责任校对 / 刘亚男
定　　价 / 47.00 元	责任印制 / 边心超

图书出现印装质量问题，请拨打售后服务热线，本社负责调换

前 言

为了深入贯彻党的十九大精神和全国教育大会部署，落实党中央、国务院关于教材建设的决策部署和《国家职业教育改革实施方案》有关要求编写本教材。本教材将课程相关的学习素材（包括二维码、多媒体课件、教案、习题库等）以"互联网+"的模式，通过信息技术与教材紧密结合，将知识形象化，多角度地讲解、拓展知识点。

目前旅游发展非常迅速，对于旅游景区发展来说既是机遇也是挑战，各景区不仅注重日常的经营管理，还对提升景区产品以及服务质量有迫切要求。本教材在搭建整个结构框架时，参考了《旅游景区质量等级划分与评定》（GB/T 17775—2003）标准体系，相较以往的景区服务与管理教材的结构体系有一些创新之处。同时，职业教育必须紧跟行业发展实际需求，职业教育的教材也必须贴近行业实践与操作流程，本教材以此为指引，邀请了城市规划工程师黄磊全程参与本教材的编写，提供行业最先进的管理理念，从景区创A提升规划需求的角度出发，给了我们非常多关于景区经营管理方面的建议，使本教材更加符合行业发展需求。

本教材符合职业院校景区开发与管理专业教学标准，与旅游景区规划与开发、旅游资源调查与评价、旅游策划等课程都属于专业核心课程，后三者是从规划的角度出发，让学生掌握景区的规划开发建设的相关知识。本教材从景区管理的角度和提升景区等级质量的角度入手，让学生掌握景区应该提供哪些服务，如何提供高品质的服务，景区的人事管理、游客管理、安全管理、市场管理等知识，使学生对于景区开发与管理的知识构建更加体系化。

本教材教学内容板块丰富，包括学习目标、内容框架、案例导入、本章小结、复习思考等，在正文中设计了非常多的互动环节，学练结合，更利于学生熟练掌握知识和技能。同时，全书插入了大量二维码知识链接，丰富课程知识的同时，也让教学的方式更加多元化。

本教材共分为9章，由四川工程职业技术学院钱永红老师、朱娟老师任主编，曾维静老师、罗小军老师、庞小笑老师任副主编，参加编写的还有侯琳老师、朱洪端老师，黄磊工程师全程提供技术指导。本教材在编写过程中，本着强化行业指导、企业参与，广泛调动社会力量参与教材建设的原则，通过多方协调，得到了四川省乐山市犍为县文化体育和旅游局对于使用《犍为县创5A提升规划》文本成果的授权，并获得了大力支持和帮助；中景旅联（北京）国际旅游规划设计院为本教材的修订提供了宝贵的修改意见和实践案例。同时，为反映行业发展最新动态，本教材在编写过程中参考了一些专家、学者的著作、文献，转引了一些互联网资料，在此，一并表示衷心的感谢，同时欢迎相关作者与我们联系，共同探讨旅游景区管理的教学与研究。

由于编写时间比较仓促，加之编者水平有限，书中疏漏之处在所难免，敬请广大读者不吝赐教，以便日后不断完善。

编　者

2021 年 9 月

课时安排

序号		教学内容	课时
1	旅游景区概述	旅游景区的概念	1
		旅游景区的分类	1
2	旅游景区管理概述	旅游景区管理定义	1
		旅游景区管理内容、方法及模式	3
		旅游景区管理机构设置与制度	2
3	旅游景区设施与服务管理	旅游景区交通设施与服务管理	3
		接待设施与服务管理	3
		解说服务管理	3
		旅游景区卫生管理	2
4	旅游景区商业服务与管理	旅游景区餐饮服务与管理	3
		旅游景区住宿服务与管理	3
		旅游景区购物服务与管理	2
5	旅游景区特色文化管理	旅游景区文化概述	1
		旅游景区文化展示管理	2
		旅游景区文化体验管理	3
6	旅游景区信息化管理	旅游景区信息化概述	1
		智慧景区	3
		旅游景区虚拟旅游应用	3
7	旅游景区营销管理	旅游景区营销概述	2
		旅游景区市场调查与目标市场营销	3
		旅游景区营销组合策略	3
		旅游景区营销创新	3
8	旅游景区旅游安全管理	旅游景区游客容量管理	3
		旅游景区安全管理机构与制度	2
		旅游景区安全设施设备管理	2
		旅游景区安全救援与应急处置	2
9	旅游景区环境和资源保护管理	旅游景区环境质量管理	2
		旅游景区资源保护管理	2
		课时总数：64	

目录 CONTENTS

第1章　旅游景区概述 ··· 1
- 1.1　旅游景区的概念 ··· 2
- 1.2　旅游景区的分类 ··· 4

第2章　旅游景区管理概述 ··· 8
- 2.1　旅游景区管理定义 ··· 9
- 2.2　旅游景区管理内容、方法及模式 ··· 10
- 2.3　旅游景区管理机构设置与制度 ··· 16

第3章　旅游景区设施与服务管理 ··· 21
- 3.1　旅游景区交通设施与服务管理 ··· 22
- 3.2　接待设施与服务管理 ··· 27
- 3.3　解说服务管理 ··· 36
- 3.4　旅游景区卫生管理 ··· 40

第4章　旅游景区商业服务与管理 ··· 46
- 4.1　旅游景区餐饮服务与管理 ··· 47
- 4.2　旅游景区住宿服务与管理 ··· 53
- 4.3　旅游景区购物服务与管理 ··· 59

第5章　旅游景区特色文化管理 ··· 68
- 5.1　旅游景区文化概述 ··· 69
- 5.2　旅游景区文化展示管理 ··· 74
- 5.3　旅游景区文化体验管理 ··· 82

第6章　旅游景区信息化管理 ··· 92
- 6.1　旅游景区信息化概述 ··· 93
- 6.2　智慧景区 ··· 99

6.3 旅游景区虚拟旅游应用 ………………………………………………………… 105

第 7 章 旅游景区营销管理 …………………………………………… 112

7.1 旅游景区营销概述 ……………………………………………………………… 113
7.2 旅游景区市场调查与目标市场营销 …………………………………………… 115
7.3 旅游景区营销组合策略 ………………………………………………………… 126
7.4 旅游景区营销创新 ……………………………………………………………… 136

第 8 章 旅游景区旅游安全管理 ……………………………………… 143

8.1 旅游景区游客容量管理 ………………………………………………………… 144
8.2 旅游景区安全管理机构与制度 ………………………………………………… 150
8.3 旅游景区安全设施设备管理 …………………………………………………… 154
8.4 旅游景区安全救援与应急处置 ………………………………………………… 160

第 9 章 旅游景区环境和资源保护管理 ……………………………… 171

9.1 旅游景区环境质量管理 ………………………………………………………… 172
9.2 旅游景区资源保护管理 ………………………………………………………… 181

参考文献 ……………………………………………………………………… 189

第1章

旅游景区概述

学习目标

※ 知识目标

了解旅游景区的概念和分类体系。

※ 能力目标

建立起旅游景区的背景性知识体系，为日后学习和掌握具有景区自身特点的管理内容和管理实践打下基础。

内容框架

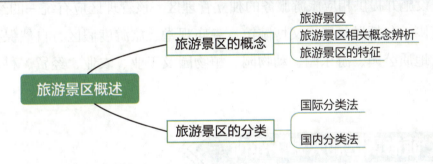

案例导入

嘉阳·桫椤湖旅游景区位于乐山市犍为县，距离县城 10 km，距乐山市区 60 km，距峨眉山 80 km、距成都市区 180 km。旅游景区历史文化底蕴深厚，紧靠成渝旅游大环线，不仅是大峨眉国际度假目的地的重要组成部分，也是乐山旅游第三极的核心产品。其依托乐山市公路、铁路、航空（未来将建设）三位一体的交通网络，形成了发达的旅游交通，具有独特的地理、交通、文化和旅游区位。

嘉阳·桫椤湖
旅游景区

嘉阳·桫椤湖旅游景区以嘉阳寸轨蒸汽小火车为代表的工业文化遗产及全球密度最大、数量最多的桫椤植物群落为核心旅游资源，该核心资源享有较高的观赏游憩价值和历史文化价值，而且珍稀奇特程度较高，可谓特品级的旅游资源品牌。

思考：什么是旅游景区？试总结上述旅游景区的特色。

1.1 旅游景区的概念

1.1.1 旅游景区

长期以来，人们对旅游景区概念的认识还不是很清楚。由于旅游景区的概念包括或交叉了世界遗产、风景名胜区、自然保护区、国家森林公园、国家地质公园、文物保护单位、旅游度假区等众多名词概念，因此很难为其归纳出一个能被大众普遍接受、明确界定各类景区范围的定义。截至目前，国内外学者和机构对旅游景区的定义和概念在理解上存在一定差异，并进行了一些有益的探索。

为便于对本书后文的理解，此处规定，本书采用《旅游景区质量等级的划分与评定》（GB/T 17775—2003）中提出的定义："旅游景区是以旅游及其相关活动为主要功能或主要功能之一的空间或地域。"旅游景区是指具有参观游览、休闲度假、康乐健身等功能，具备相应旅游服务设施并提供相应旅游服务的独立管理区。该管理区应有统一的经营管理机构和明确的地域范围，包括风景区、文博院馆、寺庙观堂、旅游度假区、自然保护区、主题公园、森林公园、地质公园、游乐园、动物园、植物园及工业、农业、经贸、科教、军事、体育、文化、艺术等。

1.1.2 旅游景区相关概念辨析

1. 旅游资源

旅游资源指凡是能够对游客产生吸引力的自然因素、社会因素或其他任何因素都可以构成旅游资源，大体分为自然旅游资源和人文旅游资源两大类（李天元等，1991）。王湘（1997）和王清廉（1998）等认为，资源是旅游开发的原材料，旅游景区是旅游开发的成果或产品。即旅游资源是旅游景区的构成"素材"，是旅游景区产品的核心内容；旅游景区是旅游资源要素和其他要素有机组合后形成的地域空间。

2. 旅游景点

《风景名胜区规划规范》（GB 50298—1999）中明确规定："景点是由若干相互联系的景物所构成、具有相对独立性和完整性并具有审美特征的基本境域单位。"旅游景点一般是单一的特点景观或活动，如一处瀑布、一眼泉水、一座古建筑、一项活动等，是旅游景区划分中的最小单位，由景观、景物和其他服务要素组成。

因此，旅游景点与旅游景区，可以理解为点与面的关系。旅游景点是构成旅游景区的单位，旅游景区是由单个旅游景点或多个旅游景点构成的地域，包含服务设施、独立的管理机构的地域系统，如杭州西湖旅游景区包含三潭印月、苏堤春晓、花港观鱼等著名景点。

3. 旅游地

旅游地这一概念具有空间性和地域性，在旅游地理学、土地规划中常被提及，体现了其土地利用类型是以旅游及其相关活动为主要功能。旅游地具有两层含义：第一层，是指游客浏览、观光、访问的目的地，即旅游活动与旅游资源所在地，旅游景区是旅游目的地或旅游目的地中的旅游景区；第二层，是指土地利用方式，如同农业用地、林业用地、牧业用地一样，旅游地是一种游憩用地，是政府部门规划的供人们进行旅游活动的地域或环境空间。由此可见，旅游地是一个地域范围更广的概念，其空间范围内有各种供游客旅游的景区类型。

4. 旅游目的地

旅游目的地是能够满足游客终极目的的地点或主要活动地区，是一种综合性的旅游产品，不仅从范围上包括大量的旅游景区，而且从内容上包括了食、住、行、游、购、娱等多种要素。从空间范围上讲，旅游目的地可以是一个具体的风景区，也可以是一个城镇、一个城市甚至一个国家或地球上其他更大的地方。它的空间范围更大，功能更完善。

1.1.3 旅游景区的特征

根据上述旅游景区的定义，旅游景区基本功能都是满足游客的精神需要和物质需要。概括起来，旅游景区具有以下特征：

1. 地域性

地域性是指任何形式的旅游景区必须受到当地的自然、社会、文化、历史、环境的影响和制约。景观特色、饮食风格、宗教色彩、民族特性等都体现了各地区、各民族的地方特色和差异，这种差异形成了不同地域的特色，如苏州园林是以苏州的自然条件、经济条件和居民的闲适心态为基础的，因此，作为园林城市的地方性特点就此突显。

2. 依附性

旅游景区有时不是独立存在的，有的旅游吸引物并非因为旅游的目的而存在，旅游功能是其原有功能的一种衍生物，如上海东方明珠电视塔本体的基本功能是电视台，金茂大厦是酒店，国家奥林匹克体育中心是体育运动中心，横

横店影视城
介绍

店影视城是影视拍摄场地等,但随着人们旅游需求的变化,它们逐渐变为旅游吸引物。因此旅游业与其他产业相互依附、共同生长是现实中的突出现象。

3. 设施性

旅游景区应具有完善的基础设施,主要包括出入交通、内部交通、停车场、给排水、垃圾处理、电力能源、邮政电信等设施;具有一定的旅游服务设施,包括为游客提供游览服务的设施,如旅游线路标志、景点解说牌、娱乐设施、休息亭等,以及游览活动的辅助设施,如餐厅、茶室、厕所等。合理完善的设施是游客完美旅游体验的有力支持和基本保证。

4. 可创造性

可创造性是指旅游景区并不是一成不变的,而是可以根据人们的意愿和自然的规律进行创造、制作而再生的。可创造性是旅游景区的重要特征,是延长生命周期甚至实现旅游景区长盛不衰的重要方式。随着时间的推移,人们的兴趣、需要及时尚也在发生变化,这使旅游产品的创新成为必要。

1.2 旅游景区的分类

由于侧重点和划分依据不同,旅游景区从不同角度可以得到不同的分类体系,下面本书介绍几种常用分类方式供读者参考。

1.2.1 国际分类法

1. 按旅游景区形成原因划分

美国学者 C. R. 戈尔德纳、J. R. 布伦特·里琦、罗伯特·麦金托什在 2003 年出版的《旅游业:要素、实践、哲学》中根据成因将旅游景区划分为文化、自然、节庆活动、游憩和娱乐五大类。该分类方式被称为旅游景区类型"五分法"(图 1-1),该分类法又对每类旅游景区进行了详细划分,五分法较为贴近现实旅游景区类型的发展,然而游憩和娱乐两种类型界限不是很明确,多有交叉。

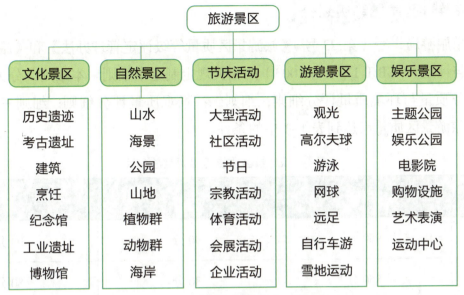

图1-1 旅游景区类型"五分法"

2. 按实际操作体系划分

1972年11月，联合国教科文组织在巴黎召开的第十七届世界遗产大会上通过了《保护世界文化和自然遗产公约》，形成了一套世界遗产体系。包括世界自然遗产、世界文化遗产、文化与自然双遗产、文化景观遗产、口头与非物质遗产。世界遗产涵盖了具有优势资源的旅游景区，范畴小于旅游景区。尽管世界遗产体系的出发点不是旅游，而是保护和发扬全人类遗产，但已经毫无争议地成为旅游产品的主角，有力地促进了旅游业的发展。

1.2.2 国内分类法

1. 按旅游景区旅游资源属性划分

按旅游景区旅游资源属性划分，可将旅游景区分为七大类：

自然景观型：包括国家公园、森林公园、地质公园、自然保护区、野生动物园等。

人文景观型：包括文博院馆、寺庙观堂、宗教圣地、民俗园等。

历史遗产型：包括古文化遗址、古生物化石、军事遗址、古建筑、名人故居、历史村镇等。

现代游乐型：包括主题公园、游乐园、微缩景观和海洋馆、表演中心等。

休闲度假型：包括滨海、滨湖、山地、温泉、滑雪和高尔夫等运动场所。

节事庆典型：包括博览会、交易会、节事、赛事、社会活动、宗教仪式、企业活动等。该类旅游景区基本属于不稳定型旅游景区。

工农业旅游区（点）。

2. 按旅游景区质量等级划分

根据国家旅游局[①]令（第23号）《旅游景区质量等级评定管理办法》和《旅游景区质量等级的划分与评定》（GB/T 17775—2003）的相关规定制定本细则。本细则共分为三个部分：细则一：服务质量与环境质量评分细则；细则二：景观质量评分细则；细则三：游客意见评分细则。旅游景区质量需达到表1-1中的条件。

表1-1 旅游景区质量等级评定总分表

	细则一（共计1 000分）	细则二（共计100分）	细则三（共计100分）
5A	950分	90分	90分
4A	850分	80分	80分
3A	750分	70分	70分
2A	600分	60分	60分
1A	500分	50分	50分

细则一：服务质量与环境质量评分细则。本细则共计1 000分，共分为8个大项，各大项分值为：旅游交通140分；游览210分；旅游安全80分；卫生140分；邮电服务30分；旅游购物50分；综合管理195分；资源和环境保护155分。

细则二：景观质量评分细则。本细则分为资源要素价值与景观市场价值两大评价项目和9项评价因子，总分100分。其中资源吸引力65分，市场吸引力35分。

细则三：游客意见评分细则。本细则以游客对旅游景区的综合满意度为依据。

本章小结

为满足游客日益旺盛的旅游需要，各地都在大力发展旅游经济，不遗余力地进行景区建设。各种规模、层次和类型的景区如雨后春笋般出现。一方面，旅游景区作为整个旅游产业系统的核心和旅游产业的主体，不仅是我国旅游业发展的重要依托和动力之源，也是区域旅游业发展的核心动力；另一方面，旅游景区成为大众文化生活的一个主要载体和进行休闲旅游活动的主要场所。在旅游业普遍发展的今天，旅游景区规划如火如荼地开展，因此人们对旅游景区概念进行基础性研究显得更为重要。本章重点介绍了旅游景区的概念和分类体系。读者需重点关注我国旅游景区的相关规范：《旅游景区质量等级的划分与评定》（GB/T 17775—2003）。

---

① 今文化和旅游部。

复习思考

一、名词解释

1. 旅游景区
2. 旅游资源
3. 旅游景点
4. 旅游地
5. 旅游目的地
6. 风景名胜区
7. 旅游度假区

二、判断题

1. 旅游景点是构成旅游景区的单位,二者为点与面的关系。（   ）
2. 旅游资源主要分为自然旅游资源与人文旅游资源两大类。（   ）
3. 旅游景区有时不是独立存在,但其吸引物是以旅游功能为主,其余功能为旅游功能的后续衍生物。（   ）
4. 旅游景区质量等级划分细则三主要以游客对景区的综合满意度为依据。（   ）
5. 智慧旅游的发展将带动旅游服务个性化需求的增加。（   ）

三、简答题

1. 旅游景区的特征有哪些?
2. 按景区旅游资源属性划分,我国将旅游景区划分为哪几种类型?

四、案例分析题/应用题

选择一家旅游景区企业,了解其发展过程,并发现其发展过程中遇到的问题。

第 2 章 旅游景区管理概述

学习目标

※ 知识目标
1. 了解旅游景区管理的基本概念、内涵以及旅游景区管理的特性。
2. 理解旅游景区管理的核心理念。
3. 全面认识旅游景区管理的内容、方法。
4. 掌握旅游景区管理的机构设置与相关职能。

※ 能力目标

能够合理地利用旅游景区管理的内容去经营和管理旅游景区。

内容框架

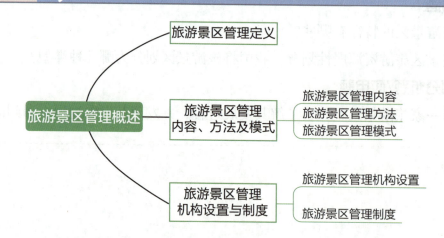

案例导入

美国国家公园经营管理体制

在管理体系上,美国的国家公园均由内政部的国家公园管理局统一管理。国家公园管理局下设10个地区局,分片管理各地的国家公园。各国家公园设有公园管理局,具体负责本公园的管理事务。国家管理局、地区管理局、基层管理局三级管理机构实行垂直领导,与公园所在地政府没有业务关系。这种管理体制职责分明,工作效率高,避免与地方政府产生矛盾,也没有相互争利与扯皮的事情。

思考:在旅游景区管理中,美国对国家公园的管理是如何实施的?

2.1 旅游景区管理定义

对旅游景区管理的定义可从四个基本要素方面入手，即旅游景区管理的主体是谁？对谁进行管理？对旅游景区进行管理的目的是什么？在什么情况下可以对旅游景区进行管理？最后总结出：旅游景区管理是景区负责部门或企业对旅游景区的人、财、物、信息等多种资源进行有效整合，为实现旅游景区经济效益、社会效益和环境效益最大化，并实现旅游景区可持续发展的动态创造性活动。

这一定义可从以下几方面进行分析：

1. 旅游景区管理的基本点

旅游景区管理立足于两个基本点：一个基本点是科学的管理理论；另一个基本点是旅游景区所面临的客观条件。每个旅游景区所面临的内部和外部条件都不相同，旅游景区管理正是针对不同的实际情况，采用不同的方法和技巧以实现景区的管理目标。若脱离旅游景区的实际情况，任何管理都不可能成功。

2. 旅游景区管理主体

旅游景区管理的主体是指旅游景区管理机构和管理者，通常由四个部分组成：决策者、执行者、监督者、参谋者。在管理中，管理主体起着主导作用，决定和支配着客体的运动。因此，管理主体的主观能动作用就显得特别重要。管理主体发挥积极作用的程度，依赖于管理主体本身的素质。

3. 旅游景区管理客体

旅游景区管理的客体就是旅游景区实体，包括旅游景区人、财、物、信息、形象、旅游景区的市场和业务，以及与旅游景区业务和效益相关的所有方面。简单地说，旅游景区管理的客体就是旅游景区管理的对象和内容。旅游景区管理客体的核心是人，通过人这一生产力中最活跃、最积极的因素对管理的对象和内容的其他方面进行管理。

旅游景区管理者的管理对象主要包括以下内容：

（1）人力：员工的能力、态度、情绪、士气、绩效评价等。

（2）物力：景区的设施设备、旅游资源、工具等。

（3）信息：市场信息、竞争情况、经营报表、管理报表等。

（4）形象：景区的视觉形象、产品定位等。

4. 旅游景区管理主客体相互关系

旅游景区管理作为一个统一体由两个方面组成：管理的主体和管理的客体。管理的主体和客体形成一对矛盾，管理总是主体对客体的作用，客体又对主体产生反作用，因此促进了管理的发展。

5. 旅游景区管理的核心是管理者执行管理职能

在旅游景区中，一部分人发挥管理功能；另一部分人发挥业务作业功能。旅游景区的管理就是利用决策、组织、协调、控制等管理职能实现旅游景区的目标。

6. 旅游景区的内外部条件

旅游景区的内外部条件是指对旅游景区管理有影响的各种因素。旅游景区行业是一个受内外部条件影响较大的行业，各种内部和外部因素的变化都会对景区的发展产生影响。其中，外部因素包括国家的综合形势、政策、社会环境、区域经济情况、城市情况、风俗民情、游客消费习惯、市场状况、旅游景区当地政府对景区的政策、旅游景区和当地政府各部门的关系、旅游景区和客源单位的关系等；内部因素包括体制、投资者、旅游景区性质、旅游景区经济实力、旅游景区管理者素质、旅游景区设施设备条件、旅游景区员工素质、旅游景区地理位置、旅游景区品牌、旅游景区知名度和社会形象等。

7. 以市场为导向

旅游景区以市场为导向进行产品的生产和销售，主要的依据就是游客的需要。旅游景区管理要研究市场的现实状况和阶段状况，设计出市场需要的产品，作为旅游景区的市场定位。

8. 旅游景区管理的目的是三大效益有机结合

旅游景区管理的目的是效益，旅游景区的效益包括社会效益、经济效益和生态效益。

2.2 旅游景区管理内容、方法及模式

2.2.1 旅游景区管理内容

旅游景区经营目标的实现，有赖于旅游景区为游客提供相关的产品或服务，这些产品或

2.2 旅游景区管理内容、方法及模式

服务又来自吸引物对游客的吸引，即旅游景区的资源与旅游景区开展的相关旅游活动，而整个经营服务过程中自始至终贯穿着管理活动。从资源的保护与开发、活动的策划与开展、产品与服务的提供乃至员工与游客的行为规范都要有相关的管理活动以保证经营目标的实现。由此可见，旅游景区管理涉及三个层面，即管理主体、管理客体、管理内容和环节。

旅游景区管理主体是旅游景区所有权、管理权、经营权的所有者，对应的是各级政府和旅游景区经营主体（不考虑经营权转让），涉及管理理念、管理体制、经营机制、经营权转让等具体内容。

旅游景区管理客体包括人与资源。作为管理对象的人包括与景区相关的一切人员，主要是游客、当地居民、旅游景区员工。旅游景区资源则可以细分为景区旅游资源、土地资源、财务资源、信息资源、环境资源乃至节事活动等，涉及的具体内容包括旅游景区旅游资源管理、旅游景区土地资源管理、旅游景区环境管理、旅游景区游客引导与管理、旅游景区旅游客流、居民与旅游景区关系、旅游景区财务资源管理、旅游景区信息资源管理等。

从涉及的环节看，旅游景区管理可以细化为经营活动、人、财、物、设施、安全、标准化、信息管理等方面，具体内容包括旅游景区经营行为、旅游景区治理模式、旅游景区人力资源管理、旅游景区财务管理、旅游景区接待服务设施管理、旅游景区安全管理、旅游景区标准化管理、旅游景区信息管理等。

旅游景区管理内容框架见表2-1。

表2-1 旅游景区管理内容框架

管理维度	对应关系	具体内容
主体	管理主体（政府）	管理理念、管理体制
	经营主体	经营机制、经营权出让
客体	人（游客、居民、员工）	游客引导与管理、旅游客流、居民与旅游景区关系、旅游景区人力资源管理
	资源	旅游景区旅游资源管理、旅游景区土地管理、旅游景区环境管理、旅游景区信息资源管理、旅游景区财务资源管理
环节	经营活动	旅游景区经营管理、旅游景区治理模式、旅游景区上市经营
	管理活动（人、财、物、设施、安全、标准化、信息）	旅游景区人力资源管理、旅游景区财务管理、旅游景区服务设施管理、旅游景区安全管理、旅游景区标准化管理、旅游景区信息管理

2.2.2 旅游景区管理方法

旅游景区作为旅游业中的重要组成部分，有着其自身管理要求和管理方法。旅游经济活动不同于工业、农业等物质生产部门，并不创造物质产品；旅游经济活动也不同于商业、贸易等，它的重点不在于商品的流通，而是主要借助一定的旅游资源、旅游设施和旅游条件，

通过提供服务性劳动，直接满足人们的物质和精神方面的需要。因此，旅游景区管理方法具有行业特殊性，必须通过科学的方法来探索其规律，指导旅游景区管理实践。

1. 经济方法

经济方法是用经济的手段，通过协调旅游景区相关利益团体的经济利益来管理景区。目前，经济方法是最基本也是最常用的管理方法。其主要有以下特点：

（1）利益性。经济方法主要利用人们对经济利益的追求来引导被管理者。

（2）交换性。经济方法实际是一种以一定交换为前提，管理者运用一定报酬手段，使被管理者完成所承担的任务。

（3）关联性。经济方法适用范围非常广泛，影响面宽，与各方面都有直接或间接联系。

经济方法有多种表现形式，如运用价格、工资、利润、利息、税金、奖金和罚金等经济杠杆。

2. 法规方法

法规方法是运用法律规范及类似法律规范的各种行为规则进行管理，带有强制性。国家和地方政府有关景区管理的法令、条例、规章等，不仅是旅游景区开展工作的依据，也是督促和检查旅游景区管理工作的依据。

这种方法具有三个特点：

（1）强制性。是所有旅游景区及其员工必须遵守的行为准则。

（2）稳定性。它在同样情况下始终适用，不因人或事而异。

（3）可预测性和先导性。每个旅游景区在管理实施前可判断具体的行为是否符合法规法令，其行为后果如何，将会得到何种奖励或惩罚。

我国旅游景区的法律制度主要包括几个方面，旅游发展规划法律制度，如2003年国家质量监督检验检疫总局（现国家市场监督管理总局）与国家旅游局（现文化和旅游部）联合发布实施的《旅游规划通则》；旅游资源法律制度，如2006年国务院发布的《风景名胜区条例》；旅游景区导游人员法律制度，如1999年国务院批准的《导游人员管理条例》；与旅游景区相关的旅行社管理制度，如1996年国务院出台的《旅行社管理条例》；旅游景区安全法律制度，如1990年国家旅游局制定了《旅游安全管理暂行办法》；游客权益保护法律制度，如1991年国家旅游局发布的《旅游投诉暂行规定》及1993年召开的第八届全国人大常委会第四次会议通过并颁布的《消费者权益保护法》；旅游标准化法律制度，如1987年颁布的《游艺机和游乐设施安全标准》。

法规方法的优点是具有事先指导和调节作用，通常适用于有规律可循的日常工作，如旅游景区《旅游安全管理暂行办法》；缺点是缺乏灵活性。由于旅游景区更多情况下是为游客服务的，实际情况千变万化，新问题又层出不穷，过于死板的执行法律方法往往不适合处理特殊情况，因此可能影响管理效率。在运用法规方法管理时，既要考虑其原则性，又要考虑可行性与艺术性。

3. 行政方法

行政方法是依靠行政机构和领导者的权力，通过强制执行的行政命令直接对管理对象发生影响的方法，如旅游景区制定员工手册，用员工手册的标准对员工的行为进行监督。行政方法一般是按照管理层次自上而下实施，大致经过制定规章制度或准则、贯彻实施、检查监督、调节处理几个过程。旅游景区内部通常设有行政机关来对其进行行政管理。

行政方法的特点是：

（1）具有一定强制性，以组织行政权力为基础，以下级服从上级为原则。

（2）具有明确的范围，只能在行政权力所能管辖范围内起作用。

（3）具有无偿性，行政管理方法以组织权力为基础，以服从为天职。

2.2.3 旅游景区管理模式

中国旅游景区经营管理模式体系共包括10种经营管理模式，按其经营的市场化程度从高到低依次排列如下：

1. 整体租赁经营模式

该模式旅游景区实行企业型治理，其经营主体是民营企业或民营资本占绝对主导的股份制企业。代表性旅游景区是四川碧峰峡景区、重庆芙蓉洞景区、重庆武隆天生三桥景区、重庆金刀峡景区，以及桂林阳朔世外桃源景区。在这一模式中，旅游景区的所有权与经营权分离，开发权与保护权统一。景区的所有权代表是当地政府，民营企业以整体租赁的形式获得旅游景区30~50年的独家经营权；旅游景区经营企业在其租赁经营期内，既负责旅游景区资源开发，又对旅游景区资源与环境的保护负有当然责任。

2. 上市股份制企业经营模式

该模式旅游景区实行企业型治理，其经营主体是股份制上市公司。代表性旅游景区是峨眉山风景旅游区和黄山风景旅游区。在这一模式中，旅游景区的所有权与经营权、资源开发权与保护权完全分离。地方政府设立旅游景区管理委员会，作为政府的派出机构，负责旅游景区的统一管理。旅游景区的所有权代表是旅游景区管理委员会，经营权通过交纳旅游景区专营权费由旅游景区管理委员会直接委托给上市的黄山旅游发展股份有限公司和峨眉旅游股份有限公司长期垄断；旅游景区管理委员会负责旅游资源的保护，上市公司负责旅游资源的开发利用。

第2章 旅游景区管理概述

3. 非上市股份制企业经营模式

该模式旅游景区实行企业型治理，其经营主体是未上市的股份制企业。它可以是国有股份制企业，也可以是国有与非国有参与的混合股份制企业。其代表性旅游景区有青岛琅琊台景区、浙江桐庐瑶琳仙境景区、浙江柯岩景区及曲阜孔府、孔林、孔庙景区。在这一模式中，旅游景区的所有权与经营权分离，但资源开发权与保护权统一。旅游景区的所有权代表是作为政府派出机构的旅游景区管理委员会等，旅游景区经营由政府委托给股份制企业；旅游景区经营企业既负责旅游景区资源的开发，又负责旅游景区资源的保护。

4. 隶属国有旅游企业集团的整合开发经营模式

该模式旅游景区实行企业型治理，其经营主体是国有全资企业，但隶属于当地政府的国有公司。该模式的代表性旅游景区有陕西华清池、华山等文物旅游景区及海南天涯海角、桂林七星公园等景区。这些景区均由国有的旅游景区公司负责经营，分别隶属于陕西旅游集团公司、海南三亚市旅游投资有限公司及桂林旅游总公司。在这一模式中，旅游景区的所有权与经营权分离，但资源开发权与保护权统一。景区的所有权代表是政府，旅游经营由国有全资的景区经营企业掌管；旅游景区经营企业既负责景区资源的开发，又负责景区资源的保护。这一模式的优势是能够按照旅游市场的需要，全面整合各旅游景区的资源，通过整合开发，全面促进当地旅游景区的发展。

5. 隶属地方政府的国有企业经营模式

该模式旅游景区实行企业型治理，其经营主体是国有全资企业，且直接隶属于当地政府。其代表性景区有浙江乌镇和江苏周庄，它们均由国有的旅游开发公司直接经营，分别隶属于当地县人民政府和镇人民政府。在这一模式中，旅游景区的所有权与经营权分离，但资源开发权与保护权统一。旅游景区的所有权代表是政府，旅游经营由国有全资的旅游景区经营企业掌管；旅游景区经营企业既负责旅游景区资源的开发，又负责旅游景区资源的保护。

6. 隶属政府部门的国有企业经营模式

该模式旅游景区实行企业型治理，其经营主体也是国有全资企业，而它隶属于当地政府的有关部门，而不是直接隶属于政府。其代表性景区有南宁青秀山景区及宁夏沙坡头、沙湖景区，它们均由国有的旅游景区经营公司直接经营，分别隶属于当地国有资产管理局和当地旅游局。在这一模式中，旅游景区的所有权与经营权分离，但资源开发权与保护权统一。旅游景区的所有权代表是政府，旅游经营由国有全资的旅游景区经营企业掌管；旅游景区经营企业既负责旅游景区资源的开发，又负责旅游景区资源的保护。

7. 兼具旅游行政管理的网络复合经营管理模式

该模式旅游景区实行非企业型治理，经营主体是作为当地政府派出机构的旅游景区管理委员会或管理局（以下简称"旅游景区管理机构"），但同时，旅游景区管理机构与当地旅游局合并，因此旅游景区管理机构不但要负责旅游景区的经营管理，还具有当地旅游市场管理的行政职责。在这一模式中，旅游景区的所有权与经营权、开发权与保护权对外统一、对内分离。旅游景区管理机构既是旅游景区所有权代表，又是旅游景区经营主体；既负责旅游景区资源开发，又负责旅游景区资源与环境保护。但在旅游景区内部，管理职能与经营职能、开发职能与保护职能由不同的部门或机构承担。其代表性景区是长春净月潭、江西龙虎山、山东蓬莱阁等。这些旅游景区的管理机构都与当地旅游局合并为一套班子、两块牌子，在承担旅游景区经营管理职责的同时，还负责管理当地旅游业，对促进当地旅游业发展负有重要责任。这一模式是近年各地旅游景区体制改革与机制创新的成功实践，具有较强的发展优势和良好的发展前景。

8. 兼具资源行政管理的复合经营管理模式

该模式旅游景区实行非企业型治理。经营主体是旅游景区管理机构，但同时，旅游景区管理机构与当地某一资源主管部门合并，使旅游景区管理机构不但要负责旅游景区的经营管理，还具有对当地这种资源管理的行政职责。在这一模式中，旅游景区的所有权与经营权、开发权与保护权对外统一、对内分离。旅游景区管理机构既是旅游景区所有权代表，又是旅游景区经营主体；既负责旅游景区资源的开发，又负责旅游景区资源与环境保护。在旅游景区内部，管理职能与经营职能、开发职能与保护职能由不同的部门或机构承担。其代表性旅游景区是泰山风景区。泰山风景区管理委员会与泰安市文化局合并成一套人马，在负责对泰山风景区的保护、开发、经营、管理的同时，也对全市文化事业和文化市场进行管理。目前，这一模式在旅游景区经营中逐步退缩。

9. 隶属于旅游主管部门的自主开发模式

该模式旅游景区实行非企业型治理，经营主体是旅游景区管理机构，但旅游景区管理机构隶属于当地旅游局。在这一模式中，旅游景区的所有权与经营权、开发权与保护权互不分离。旅游景区管理机构既是旅游景区所有权代表，又是旅游景区的经营主体；既负责旅游景区的资源开发，又负责旅游景区资源与环境保护。这一模式也是近年各地为理顺旅游管理体制而进行的改革与创新。在这一模式中，旅游景区的经营总体上以市场为导向，以谋求旅游区的发展为主要目标。其代表性旅游景区有河北野三坡、重庆四面山等。

10. 隶属于资源主管部门的自主开发模式

该模式为传统景区管理模式。在这一模式中，旅游景区实行非企业型治理。经营主体是旅游景区管理机构，并且隶属于当地建设、园林、文物等旅游资源主管部门。在这一模式中，旅游景区的所有权与经营权、开发权与保护权互不分离。旅游景区管理机构既是旅游景区所有权代表，又是旅游景区经营主体；既负责旅游景区资源开发，又负责旅游景区资源与环境保护。这一旅游景区经营模式主要集中于传统的大型文物类旅游景区，如故宫博物院、颐和园、八达岭长城等。

2.3 旅游景区管理机构设置与制度

2.3.1 旅游景区管理机构设置

1. 以产品为中心的管理机构设置

该组织机构的特点是经营管理者将旅游景区作为一种产品来对待，如图2-1所示。其优点是责任明确，组织内部有分工明确的等级制度，有利于培养出合格的经营管理者。

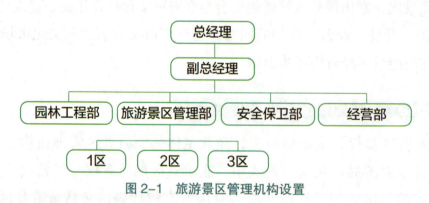

图 2-1 旅游景区管理机构设置

2. 以市场为中心的管理机构设置

该组织机构的特点是经营管理者将旅游景区作为一种满足游客多样化需要的旅游形态来对待，其行为方式是由游客多样化休闲娱乐需要选择决定的，注重市场细分，如图2-2所示。其优点是将注意力集中于游客的选择需要方面。

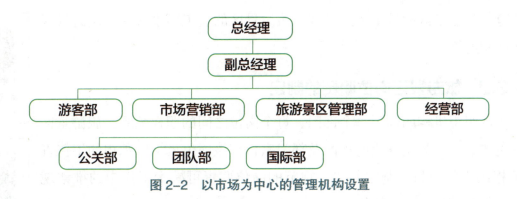

图 2-2　以市场为中心的管理机构设置

3. 以职能为中心的管理机构设置

该组织机构的特点是根据分工专业化的原则，以工作或任务的性质为基础来划分部门，如图 2-3 所示。其优点是有利于充分发挥专业职能，使主管人员的注意力集中于组织的基本任务上。

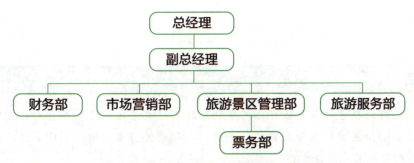

图 2-3　以职能为中心的管理机构设置

2.3.2　旅游景区管理制度

2.3.2.1　旅游景区员工手册的制定

旅游景区员工手册主要是以书面形式来表达各岗位工作人员在整个景区组织系统及主要部门结构的说明、聘用条件、规章制度、奖惩办法等方面的情况，员工通过对员工手册的学习，可以了解自己的权利、劳动义务及工作联系方式。

1. 旅游景区员工手册的制定依据

（1）根据我国政府关于劳动人事管理的法律及规章制度。
（2）根据本景区的工作特点。
（3）根据本景区员工的工作岗位特点。

2. 旅游景区员工手册内容

旅游景区员工手册内容主要有旅游景区聘用条件、旅游景区的劳动纪律、旅游景区的员工工作规范、旅游景区的员工考勤制度、旅游景区的员工同事关系、旅游景区员工的奖惩制度等。

2.3.2.2 旅游景区岗位职责的制定

某旅游景区员工手册

旅游景区组织机构明确了每个部门、每个岗位之间的职权关系。旅游景区岗位职责主要是说明为实现旅游景区及部门宗旨，该岗位员工应承担的工作责任和应承担的工作项目。制定必要、规范的岗位职责可减少工作中的推诿现象，充分发挥旅游景区工作技能。

2.3.2.3 旅游景区岗位作业程序的制定

某旅游景区运营部职责

旅游景区岗位作业程序是指员工每做一道工序所遵循的标准化工作步骤、工作要求及其要达到的预期效果。旅游景区的岗位作业程序主要根据各岗位的工作来制定，如旅游景区环卫清扫程序、厕所清洁程序、垃圾箱清空程序等。

某旅游景区运营部售票工作岗位程序

本章小结

旅游景区管理的目的在于确保景区目标的顺利实现。旅游景区管理机构是对旅游景区组织框架体系的描述，是帮助旅游景区实现其管理目标的手段。其管理过程主要通过制定员工手册、制定岗位责任制、规范作业流程等相关制度来实现。

本章从旅游景区管理的概念入手，对旅游景区管理的内容、方法及模式进行探讨，最后介绍了目前国内旅游景区管理机构的设置及相关制度，有助于读者在学习之初形成对旅游景区管理的初步认识。

复习思考

一、名词解释

1. 旅游景区管理
2. 旅游景区管理主体
3. 旅游景区管理客体
4. 市场导向

二、判断题

1. 旅游景区管理的经济方法是通过协调景区相关利益团体的经济利益来管理景区。（　　）
2. 旅游景区管理的法规、方法具有非强制性。（　　）
3. 旅游景区管理的客体包括旅游景区中的各方面，如旅游景区信息、旅游景区形象、

旅游景区市场、旅游景区业务及其管理机构。（　　）

4. 旅游景区管理以供给为导向，如根据旅游景区类型进行产品的生产和销售。（　　）

5. 旅游景区可持续发展的基础应建立在与自然环境、社会环境的有机融合上。（　　）

三、简答题

1. 旅游景区管理的特性有哪些？
2. 旅游景区管理内容及方法有哪些？
3. 我国旅游景区管理模式有哪些？

四、案例分析题/应用题

1. 选择一家旅游景区企业，了解并分析其机构设置和管理制度。
2. 以下三种机构设置框架（图2-4~图2-6）属于哪种旅游景区管理机构设置类型？

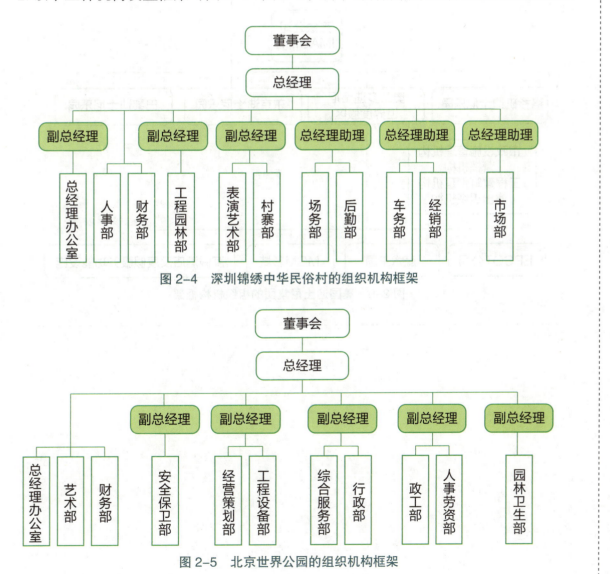

图2-4　深圳锦绣中华民俗村的组织机构框架

图2-5　北京世界公园的组织机构框架

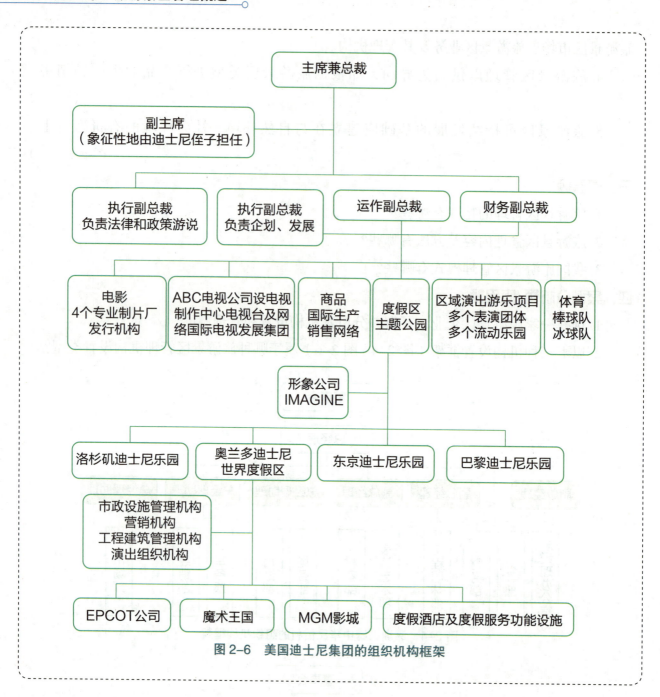

图 2-6　美国迪士尼集团的组织机构框架

第3章

旅游景区设施与服务管理

学习目标

※ 知识目标

1. 了解旅游景区外部交通设施，熟悉旅游景区内部交通设施与服务。
2. 掌握游客中心的设施与服务；熟悉旅游景区票务预订服务流程和闸口服务技巧；掌握游客投诉的处理程序和方法。
3. 了解旅游景区解说服务类型和作用，掌握旅游景区向导式解说服务的技能与技巧，熟悉旅游景区自导式解说服务。
4. 熟悉旅游景区垃圾管理及旅游厕所管理。

※ 能力目标

1. 能够进行旅游景区交通日常管理。
2. 能够提供专业的旅游景区咨询服务；能够熟练地向游客提供旅游景区票务预订服务和闸口服务；能够很好地处理游客投诉。
3. 能够为游客提供优质的旅游景区讲解服务。
4. 能够很好地进行旅游景区卫生管理。

内容框架

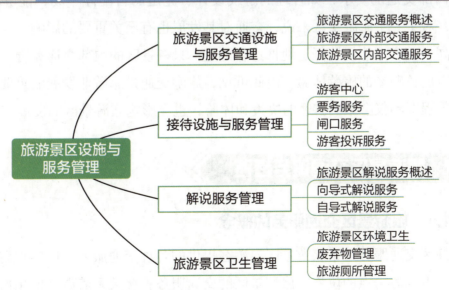

第 3 章 旅游景区设施与服务管理

> **案例导入**
>
> 根据国家统计局相关数据显示，2010—2017年，国家5A级旅游景区数量逐年递增，截至2017年年底，我国5A级景区数量已经达到249个，近年来国内旅游景区品质不断升级，旅游景区设施更加完善，为游客提供了更好的游玩体验。2018年，我国旅游景区旅游消费研究报告指出，2018年，中国旅游用户选择旅游景区时最主要考虑的因素是旅游景区的风景特色（65.1%）。此外，对于旅游景区的费用、食宿条件和安全程度也较为看重。调研结果显示，2018年，国内旅游用户在未来预订旅游景区门票渠道选择方面更为偏好线上预订的订票方式，其中在线旅游网站订票以74.3%的占比居首位，这延续了当下旅游用户的购票习惯。此外，值得注意的是，其他线上购票方式，如在电商网站、团购网站购票的旅游用户占比也有所上升，旅游景区售票处、旅行社等线下预订门票方式则不再是旅游用户的首选。随着互联网行业的不断发展和各项技术的进步升级，越来越多的旅游景区开始重视对线上市场的投入和优化，加大对旅游景区的线上宣传力度，增加线上售票渠道，加快旅游景区硬件、软件配套设施的技术升级，完成智慧景区的升级，为游客提供更便捷的服务，这是未来景区发展的趋势。
>
> （资料来源：http://report.iresearch.cn/report/201805/3219.shtml）

3.1 旅游景区交通设施与服务管理

大家在旅游旺季出去旅游时对交通的最直观的感受是什么？堵堵堵？人山人海？行动缓慢？这些都体现了游客对旅游交通的一些基本诉求，那就是"进得来，出得去，散得开"。前两者是指外部交通能够让游客顺畅舒适地抵达旅游景区、离开旅游景区，"散得开"主要是对景区内部交通的要求，如合理的游线设计、充足的自配停车场，能够基本实现这些要求。另外，对于一个旅游景区来说，交通对其发展也有至关重要的影响，一个旅游景区只有可进入性高，游客才能便捷舒适地抵达目的地；只有景区的内部交通完善，游客才能在旅游景区内获得比较顺畅的旅游体验。由此可见，旅游交通是旅游业发展的重要条件，旅游交通服务的完善程度不仅会影响游客的决策和体验，也会影响旅游景区的发展。

3.1.1 旅游景区交通服务概述

3.1.1.1 旅游景区交通服务的概念

旅游景区交通服务是指旅游景区向游客提供的各种交通服务，以实现游客从空间上一点到另一点的位移。旅游景区的交通服务直接关系着游客的出游愿

南京市提升旅游景区公共交通水平

望，是旅游景区旅游活动顺利进行不可缺少的物质基础。它包括合理的交通线路、先进的交通设备、配套的交通服务设施（车站、码头等）以及交通服务管理人员的优质服务等。

3.1.1.2 旅游景区交通服务的作用

1. 缩短游客的时空距离

游客在旅游活动中应遵循"行短游长"的原则。旅游交通作为旅游六要素中的一个重要组成部分，解决了游客在道路上的交通问题，节省了游览时间。安全、舒适、经济、方便的旅游景区交通服务能减少游客的体力消耗，缩短旅行时间，还可以改善旅游景区接待能力，扩大游客的空间活动范围，从而扩大旅游活动的规模，增加旅游活动的形式，扩充旅游活动中的内容，提高旅游活动的层次。

2. 增强游客旅游体验

现代旅游交通不仅是一种交通工具的形式，也已经发展成为旅游景区重要的吸引物，旅游景区交通成为旅游活动的重要内容。乘坐不同的交通工具，接受不同的交通服务可以使游客领略到不一样的风光，体验到不同的旅游感受。比如，怒江大峡谷凌空飞渡的独特的"桥"——溜索，千岛湖景区的飞机空中游，尼泊尔博克拉河谷的滑翔伞，有些旅游景区还提供骑马、乘轿、缆车、热气球等新颖的旅游交通形式，在参与旅游活动的同时还可以体验别样的旅游感受，极大地增强了游客的旅游体验。

3. 增加旅游景区经济效益

旅游交通服务一方面增强了游客的旅游体验；另一方面使旅游景区获得了丰厚的经济回报。旅游景区内的交通服务基本都是有偿服务，而且有些交通服务已发展成为旅游活动的重要内容和特色旅游项目，这部分收入已经渐渐成为旅游景区经济收益的重要组成部分。有的交通服务很昂贵，但是游客为了获得别样的旅游体验，很愿意支付这笔费用。

重庆长寿湖景区首次推出直升机低空游项目

3.1.2 旅游景区外部交通服务

旅游景区的外部交通服务是指旅游景区为游客提供的从客源地到旅游景区的空间移动过程的服务，包括从客源地到旅游景区所在地以及从旅游景区所在地交通口岸到旅游景区的两个服务过程。旅游景区的外部交通关系着旅游目的地的可进入性。

对旅游景区可进入性的评价包括两个方面，即进出旅游景区的便捷程度和舒适程度。从便捷的角度讲，"旅速游慢"一直是大众旅游时代游客所追求的目标。旅游景区与游客集散地之间的距离、连接通道的等级以及旅游专线交通工具的状况决定了旅游景区的交通便捷程度和舒适程度。

3.1.2.1 外部交通设施

随着大众化旅游时代的到来，游客出行所能选择的交通工具日益多元化，飞机、火车、长途汽车、客轮、私家车等都已成为现代游客出行的交通工具。这就要求旅游景区所依托的城市（镇）完善自身的交通设施，根据旅游市场的需求，适时修建飞机场、火车站、长途汽车站、客运码头、自驾车营地等旅游交通设施。同时，还要注重道路（航道）等级、维护保养情况、安全设施、道路两边的绿化和环境整治。

知识拓展

依托城市（镇）

依托城市（镇）是指旅游景区直接的主要客源集散城市（镇），可跨越行政区划。旅游景区依托城市（镇）的确定，一看游客的大部分消费活动是否主要在该城市（镇）进行；二看该市（镇）是否具有最多的游客集散量，上述条件必具其一。

3.1.2.2 交通衔接

要做好旅游景区与上述交通设施之间的衔接，即指依托城市（镇）至旅游景区之间的专项交通方式，包括公共交通、长途汽车和直达旅游专线三个层次。其中直达旅游专线指旅游专线汽车、旅游船舶航线或城市（镇）周边旅游专列，均需定时定点。在交通节点上应有公交车停靠站、长途汽车站和旅游专线停车点，并公示开乘班次和时刻表。

3.1.2.3 外部交通标识建设

外部交通标识包括一般城市（镇）交通标识，如限速标识、停车标识等常见的交通标识，以及旅游专用标识。旅游专用标识是指引导到达景区的标识，其颜色、外形有别于一般交通标识，提供旅游景点名称、前往方向、距离，颜色为棕底白字，中英文对照，使游客对旅游项目类别一目了然，并体现景区特色。

如何提升嘉阳·桫椤湖景区外部交通服务与设施？

3.1.3 旅游景区内部交通服务

内部交通服务是指旅游景区向游客提供的在旅游景区内部空间移动的服务。旅游景区的内部交通是连接各个旅游景区、旅游景点的纽带和风景线，强调可通达性、视觉效果和美学特征，是组成景观的造景要素。

3.1.3.1 游览线路设计

旅游景区游览线路的设计要体现"慢走细品"的原则，这就要求游览线路或航道做到布局合理，也就是游览线路要尽可能多地把旅游景区内的景点串联起来，并充分考虑到景区各重要区域间隔距离、游览时间、活动内容等因素对旅游景区游览线路设计的影响。

1. 旅游线路进出口设置

游线进出口要设置在游客活动集中区域，做好进出口分设，不要过于临近。考虑到游客的游览心理，为避免缺少铺垫而直入主题，游览线路进出口不宜设置在核心景观带。为了避免短时间内游客过于集中所带来的安全风险，停车场与主入口之间应该保持一定距离，预留足够的人群疏散空间。

2. 游览线路设置

在游览线路的设计上，旅游景区通常采用"网状布局""环状布局""树状布局"三种形式（图3-1~图3-3）。另外，游览线路所串接起来的观赏点应该疏密得当，富有韵律感，能够让游客从中获得愉悦的体验。对于距离较长且耗费体力的游览线路，应该合理布置休息节点或有节省体力的特色交通工具可以使用。

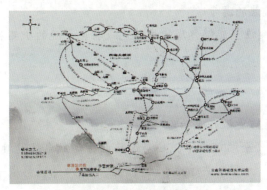

图3-1 网状布局

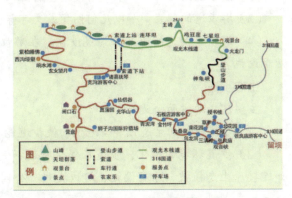

图3-2 环状布局

图3-3 树状布局

> **试一试**
>
> 给嘉阳·桫椤湖景区设置一条主题游览线路。

3.1.3.2 游步道建设

在游览道路的建设上要根据游览需要，选择不同的路面类型。例如，适合环保电瓶车通行的黑化路面，适合游客步行游览的生态步行道等。随着生态旅游的兴起，木栈道、石板路、鹅卵石步行道等在旅游景区游步道系统中运用的比例越来越高，也越来越受到游客的喜爱。值得注意的是，旅游景区内道路系统要保证安全和卫生，并完善道路的标识系统。有航道的旅游景区则需要对航道内的漂浮物及时清理，做好水体的保护工作，杜绝污染物排放水域航道破坏生态环境，为游客营造良好的旅游环境。

知识拓展

特色游步道与生态步道

特色游步道

可通过以下方面来展现：

（1）游步道的形式。如山崖栈道、彩色游径、蹬步等。

（2）游步道的材料。如木质游步道、特殊石质游步道、碎石游步道等。

（3）游步道的铺装。如以几何图案或文字等作为铺装的游步道。

（4）游步道两边的小品和景观设施。在游步道两侧设置能够体现地方特色或特色景观的小品和景观设施。

生态步道

主要包括两方面含义：

（1）步道材料的生态化和当地化，使步道能与景区环境很好地融为一体。

（2）步道环境的绿化。步道在保证贯通、完整、安全的前提下，应与道路两旁形成自然过渡，如连接原生态植被、原有设施、河边堤岸、公园绿带、大型公共绿地、运河和生态走廊等，形成一个大的生态圈。

（资料来源：http://www.sohu.com/a/140468569_338813）

3.1.3.3 景区内交通工具

随着旅游景区环境保护的意识深入人心，游客对待环境保护的重视程度已开始由被动变为主动，生态旅游、乡村旅游等环境友好型的旅游产品逐渐受到游客的追捧。在此背景下，一些旅游景区开始了对景区生态化改造的系统提升工程，使用清洁能源的交通工具便成为首选之举。生态化的交通工具包括绿色观光巴士、电瓶车、自助游自行车、人力三轮车等。提倡生态化交通工具，鼓励环保交通方式，可以有效减少交通对周边环境的破坏。

此外，特色交通工具是旅游项目的一部分，也是丰富旅游景区旅游特色的重要方式，有助于丰富旅游体验，增加旅游乐趣，因此在旅游景区原有常规交通的基础上，配合特色交通的补充，如索道、渡船、滑竿（图3-4）、骑马、单轨列车（图3-5）等，形成景区多样的交通体验。例如，在峨眉山景区就集合了绿色观光巴士、索道、单轨列车、滑竿和步行道等多种交通方式。

图3-4 滑竿

图3-5 单轨列车

3.1.3.4 数字化交通系统

面向游客与旅游景区管理人员构建智能化、无障碍交通信息系统。在旅游道路网建设中实现智能化和科技化发展，通过交通信息系统构建，游客可以通过道路信息屏幕、车载装备、手机、网络等实现无障碍化交通，得到最优交通线路；旅游景区管理人员可以调配旅游景区游客进入量、车辆运行监控调度、停车场指示等，便于统计和整体调配旅游景区的资源和设施，提高旅游景区的交通管理指挥、决策、监督和服务水平。

3.2 接待设施与服务管理

3.2.1 游客中心

游客中心是旅游景区内为游客提供信息、咨询、游程安排、讲解、宣传、休息、购物等旅游设施和服务功能的专门场所，是游客了解旅游景区的一扇窗户，不管是对于游客还是旅游景区来说，都是非常重要的场所，在《旅游景区质量等级的划分与评定》标准细则中的分项分值占70分，可见其重要性。

3.2.1.1 游客中心的功能

1. 必备功能

（1）旅游咨询。

为游客提供相关的咨询服务，包括旅游景区及旅游资源介绍、景区形象展示、区域交通信息、游程信息、天气咨询、住宿咨询、旅行社服务情况问询及应注意事项提醒。

（2）基本游客服务。

基本游客服务主要指免费为游客提供的必要服务，包括厕所、寄存服务、无障碍设施、科普环保书籍和纪念品展示。

（3）旅游管理。

对游客中心服务半径范围内的各类旅游事务及游客中心本身进行管理，包括旅游投诉联网受理、定期巡视服务半径范围、紧急救难收容及临时医疗协调，以及设置游客服务中心服务项目公示牌。

2. 指导功能

旅游交通、旅游住宿、旅游餐饮和其他游客服务接待功能。其他游客服务包括雨伞租借、手机、摄（照）像机免费充电、失物招领、寻人广播服务；电池、手机充值等旅游必需品售卖服务；邮政明信片及邮政投递、纪念币和纪念戳服务；公用电话服务，具备国际、国内直拨功能，移动信号全覆盖且信号清晰；有条件的应提供医疗救护服务，设立医务室，配专职医护人员，备日常药品、氧气袋、急救箱和急救担架。

旅游景区游客中心应具备必备功能，可根据实际情况科学合理地引入指导功能。

3.2.1.2 选址及规模

1. 游客中心的选址

通常，游客中心的选址应该位于旅游景区外部交通与内部交通的连接点上，尽量选择旅游景区的入口处。大致可以分为三种类型：入口处、旅游景区外、旅游景区内。产生这种差异的主要原因在于连接点所处的地势不同。一些旅游景区外部交通和内部交通的连接处由于地势起伏较大，不具备建立游客中心的地理条件，因此往往选择在入口处周围挑选合适的地段建立游客中心。

游客中心选址需要考虑哪些因素？

2. 游客中心的规模

游客中心的设计容量要与旅游景区的接待量保持一致。游客中心的体量还要考虑与周围环境的一致性,切忌破坏旅游景区的整体景观效果。

图 3-6 所示为嘉阳·桫椤湖景区游客中心示意。

（1）大型游客中心：5A 级旅游景区中年服务游客量 60 万（含）人次以上的游客中心,建筑面积应大于 150 m²。

（2）中型游客中心：4A 级和 3A 级旅游景区中年服务游客量 30 万～60 万（含）人次的游客中心,建筑面积应大于 100 m²。

图 3-6　嘉阳·桫椤湖景区游客中心示意

（3）小型游客中心：2A 和 1A 级旅游景区中年服务游客量小于 30 万（含）人次的游客中心,建筑面积应大于 60 m²。

3.2.1.3　游客中心设施与服务

1. 咨询设施与服务

配备咨询台和咨询人员,提供旅游景区的全景导览图、游程线路图及景区周边的交通图和游览图。明示旅游景区活动节目预告。目前,不少旅游景区已设置电脑触摸屏,用来介绍旅游景区资源,是人工咨询服务的有利补充。

> **练一练**
>
> 全班学生分组,4~6 人为一组,由小组成员自行举荐其他同学分别扮演游客 A 和嘉阳·桫椤湖景区游客中心接待人员,模拟现场咨询服务,然后小组成员对整个面对面咨询服务的全过程进行评估和总结。

2. 导游设施与服务

提供人工导游讲解服务,公示旅游景区所有导游人员的照片、姓名、编号及使用语种,展示牌美观、醒目;提供自助语音导游器服务,使用外语语种满足游客需求。例如《北京市 A 级旅游景区游客服务中心建设和管理规范（试行）》要求 1A~3A 级旅游景区采用中英双语种导游,4A 级（含）以上文物类旅游景区要求提供普通话及两种以上外语的导游服务,4A 级（含）以上旅游景区应配备高级导游员或讲解员。

3. 旅游景区宣传设施与服务

提供旅游景区宣传资料,要求品种多,展示精美。旅游景区通常使用的导览宣传材料有折叠式宣传单、宣传画册、旅游地图、旅游书籍期刊、音像材料和招贴画等。导览宣传材料要方便游客取阅,为其提供食、住、行、游、购、娱等方面的信息。

4. 游客休息设施与服务

应设置游客休息区，面积及座椅数量适当，应能够满足高峰期游客的短暂休息需求；应注重休息区氛围的营造，与周边功能区要有缓冲或隔离，要求安静、视野开阔；室内应有适量的盆景、盆花或其他装饰品摆放；应提供饮水设施；设置休闲茶饮服务台，有专人服务，提供茶饮或咖啡，价格要公示。

5. 特殊人群服务设施

入口、台阶处应设置无障碍通道，提供轮椅、婴儿车、拐杖等辅助器械。

6. 便民服务

提供雨伞租借，手机等电子设备免费充电，小物件寄存，失物招领服务；提供电池、手机充值等旅游必需品售卖服务，且收费合理；提供邮政明信片及邮政投递、纪念币和纪念戳服务；游客中心内设立公用电话，具备国际、国内直拨功能，移动信号全覆盖，信号清晰；有条件的提供医疗救护服务，设立医务室，配专职医护人员，备日常药品、氧气袋、急救箱和急救担架等。

> **知识拓展**
>
> **游客中心名称及标志**
>
> 1. 名称
> （1）设置在旅游景区内部的游客中心，可直接命名为"游客中心"。
> （1）设置在旅游景区外部的游客中心，可使用"××景区游客中心"的名称。
> （1）有多处游客中心的旅游景区，应以设置点的明显地标命名。
> 2. 标志
> 游客中心标志如图3-7所示。
>
>
>
> 图3-7 游客中心标志

3.2.2 票务服务

3.2.2.1 门票类型

1. 按材质分

（1）代门票。

此种门票用竹签、塑料圈、硬纸片等材料作为准入凭证。这种门票盛行于20世纪三四十年代，适用于当时的经济条件和生产力水平。由于只具有实用价值，缺少艺术审美价值,这种门票已逐步被淘汰了。

(2)纸质门票。

传统的门票形式,使用得比较广泛,采取人工方式验票,往往会出现假票、错票、漏票、逃票及入口拥挤混乱等现象。

我国最早的博物馆门票

(3)电子门票。

相较于传统的纸质门票,电子门票在旅游景区管理上更加具有优势。从最开始的多媒体光盘电子门票、磁卡电子门票,到现在越来越常见的条形码电子门票和二维码电子门票,都极大地提高了旅游景区的管理效率。

2. 按消费对象分

按照消费对象的特征,可以分为全票和优惠票。优惠票主要针对儿童、学生、离退休人员、残疾人、军人、当地居民及团体游客。

3. 按适用期限分

按照门票的适用期限,可划分为当日门票和年卡门票。年卡门票是为那些经常入园游玩的游客或与景区建立长期关系的顾客群体而设立的一种门票。

4. 按旅游淡旺季分

按照旅游淡旺季可分为淡季门票和旺季门票。

嘉阳·桫椤湖淡旺季票价

3.2.2.2 票务预订服务

1. 电话订票

通过电话预订门票,采用送票上门或到售票处领票的服务方式。

2. 网上订票

由于网络的广泛使用,越来越多的旅游城市和旅游景区采用游客接待信息系统,利用现代化的手段向游客发布旅游信息,提供交互式搜索以及客房、旅游景区门票、餐饮、交通等预订信息服务。同时,越来越多的旅游电子商务平台也开始出现。网上订票流程如图3-8所示。

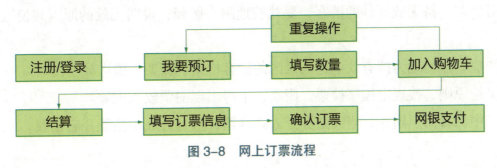

图3-8 网上订票流程

3. 售票处订票

游客可以在旅游景区售票处或服务中心预订或购买门票。旅游景区工作人员要注意旅游售票前的准备工作和售票服务工作流程。

> **练一练**
>
> 全班学生分组，4~6人为一组，由小组成员自行举荐其他同学分别扮演游客A和嘉阳·桫椤湖景区售票服务人员，模拟现场售票服务，然后由小组成员对整个现场售票服务的全过程进行评估和总结。

4. 通过旅行社订票

有代理权的旅行社可以提供预订服务，而且有些旅行社所提供的旅游套餐中已包含景区门票。

5. 团体订票

团体游客若订购一定数量的门票，如作商务会议或家庭聚会等用途，可电话联络景区团体销售部，能得到若干优惠。

3.2.3 闸口服务

闸口服务主要指旅游景区工作人员做好检票和验票等工作，组织游客有序进入旅游景区。闸口服务是带给游客良好的第一感知和留下美好印象的开端。

3.2.3.1 验票服务规范

（1）验票员应保持良好的工作状态，精神饱满，面带微笑。

（2）验票员能熟练使用普通话，同时掌握票价、旅游景区名称、礼貌用语等简单的对话，如"您好，欢迎光临！""请拿好票，往这边走，祝您玩得愉快"。

（3）验票员熟悉本旅游景区门票价格及优惠规定，熟悉免票、优惠票的条件并按要求查验。

（4）熟悉旅行团导游、领队带团进入旅游景区的查验方法及相应的免票进入旅游景区的规定。

（5）对漏票、持无效证件的游客，要礼貌地耐心解释，说明无效的原因并说服游客重新购票。

（6）快捷、热情地为持有效票进入景区的游客检票、撕票、赠送导游图。

（7）坚持原则，按规定程序检票、撕票，不得出现漏票放人现象。

（8）集中保管门票副券，当天副券投入副券箱，每月月底由主管开启销毁。

（9）如遇闹事滋事者，应及时礼貌地制止，如无法制止，立即报告有关部门。切忌在众多游客面前争执，破坏旅游景区秩序和形象。

3.2.3.2 导入服务

由于旅游的季节性较强，旅游旺季经常会出现旅游景区入口堵塞的情况，导致游客长时间排队等候，如果分流措施不力，会降低游客的满意度，影响旅游景区的声誉。不同的旅游景区应该根据游客流量、游客集中度、热门参观点、排队项目点、排队区地形等特点采用不同的队形和接待服务方式。通常，队形分为单列单人型队列、单列多人型队列、多列多人型队列、多列单人型队列、主题或综合型队列。旅游景区入口导入队形比较见表3-1。

表3-1 旅游景区入口导入队形比较

队形	示意图	特点	优点	缺点	改进措施
单列单人型队列		一名服务员	成本低	等候时间难以确定；游客进入景区的视觉有障碍	设置座位或护栏；标明等候时间
单列多人型队列		多名服务员	接待速度较快；较适用于游客数集中的场合	人工成本增加；队列后面的游客仍然感觉视线较差	设置座位或护栏；队列从纵向改为横向
多列多人型队列		多名服务员	接待速度较快；视觉进入感缓和；适合游客量较大的场合	成本增加；队列速度可能不一	不设栏杆可以改善游客的视觉进入感
多列单人型队列		一名服务员	视觉进入感缓和；人工成本低	队首是否排好非常关键；栏杆多，成本增加；游客需要选择进入哪一队列	外部队列位置从纵向改为横向，可以改善视觉
主题或综合型队列		队列迂回曲折，一般为单列队，超过两名服务员	视觉及时间改善；有信息展示；排队硬件舒适	增加硬件建设成本	单列变双列

旅游景区管理者要对游客的队列进行科学的管理，尽量缩短游客等候的时间。当旅游景区入口不能完全杜绝游客排队拥堵现象发生时，管理者要采取其他辅助措施来减少游客在排队过程中的不良感受，如让游客知道需要等候的大致时间或提供娱乐活动转移他们的注意力等。

想一想

嘉阳·桫椤湖景区可以采取哪些辅助措施来减少游客在排队过程中的不良感受？

3.2.4 游客投诉服务

在旅游景区管理过程中，我们要正确看待游客投诉，游客投诉是提高服务质量的机遇，是对旅游景区信赖的象征，是建立忠诚的契机，也是补救服务过失的前提。

3.2.4.1 投诉原因

1. 对旅游景区工作人员服务的投诉

服务态度差，如旅游景区工作人员待客不主动、不热情；说话没有修养、粗俗，冲撞游客甚至羞辱游客；不尊重游客习惯等。服务技能有待提高，如工作顺序混乱，效率低下；损坏或遗失游客物品；没有完成游客交代的事情等。

2. 对旅游景区服务产品的投诉

价格投诉，如旅游景区门票价格太高，园中园重复购票，商品价格或服务项目收费过高等；餐饮投诉，如饭菜质量太差、卫生不能令游客满意等；交通投诉，如旅游景区乘船、租车不方便；其他服务投诉，如最佳景点被承包者占据、拍照需要额外付费等。

3. 对旅游景区硬件及环境的投诉

如入住酒店的空调、照明、供水、供暖、供电、电梯等设施损坏未能及时修理；没有与景区配套的娱乐项目；治安环境差，缺乏安全感；旅游氛围差，小贩穿梭其中；交通混乱，车辆摆放无指定地点等。

3.2.4.2 投诉心理分析

1. 求尊重的心理

当游客受到怠慢时就可能引起投诉，投诉的目的就是找回尊严。游客在采取了投诉行动之后，都希望别人认为自己的投诉是对的，是有道理的，希望得到同情、尊重，并希望有关人员、有关部门高度重视他们的意见，向他们表示歉意，并立即采取相应的处理措施。

2. 求平衡的心理

游客在碰到令他们感到烦恼的事之后，感到心理不平衡，觉得窝火，就可能利用投诉的方式把心里的怨气发泄出来，以求得心理上的平衡。根据心理学家的研究，人在遭遇心理挫折后会有三种主要的心理补救措施、心理补偿、寻求合理解释而得到安慰、宣泄不愉快的心情。这些都是正常人寻求心理平衡、保持心理健康的正常方式，作为旅游景区工作人员应该理解。

3. 求补偿的心理

在服务过程中，由于旅游景区工作人员的职务性行为或旅游景区未能履行合同，给游客造成物质上的损失或精神上的伤害，如门票内包含的表演项目被取消、游乐设施被关闭、遭到意外伤害等，游客就可能利用投诉的方式要求有关部门给予经济上的补偿，这也是一种正常的心理现象。

3.2.4.3 投诉处理步骤与要领

处理游客投诉是一项需要耐心和技巧的工作，需要旅游景区工作人员有一定的沟通技巧和方法。若没有工作技巧和方法，则可能与游客一样失去理智，使矛盾激化，不仅让旅游景区失去游客，可能还会使自己失去工作。

1. 倾听游客诉说

倾听游客诉说，避免使用过激语言，保持眼神交流，让游客感受到你在倾听。要敏锐地洞察对方感到委屈、沮丧和失望之处，不能无视对方的情绪，切忌讲"你弄错了""你别激动""你不要叫"这类语言。

2. 真诚赔礼道歉

表达歉意发自内心，体现了一种真诚，同时，要对游客的遭遇表示同情与安慰，即使游客误解了，旅游景区工作人员仍然要表示歉意，不要阻拦对方提出自己的要求，更不要指责或暗示游客错了，也不要马上进行辩解，因为游客比较容易接受工作人员采取道歉的态度。道歉使投诉游客觉得工作人员的态度诚恳，能消除其怨气，怨气下去后游客也会意识到自己的不对。在表示歉意的时候，要注意使用礼貌用语，如可以说"非常抱歉，让您遇到这样的麻烦……""这是我们工作的疏漏，十分感谢您提出的批评"等。

3. 收集整理信息

真诚地与游客交流，理解游客，同时了解游客需要解决的问题，适当提出问题，获得游客的需求信息，用自己的话重复、确认游客所遇到的问题，并适时做好记录。这样做可以使游客知道工作人员在认真倾听他的谈话，并试图了解他的问题，能使游客放慢说话速度，可以避免冲突，平息游客的不满情绪，还可以赢得思考问题的时间。

4. 提出解决方案

旅游景区工作人员在处理游客投诉时，既要站在旅游景区的角度又要站在游客的角度，能在自己的职权范围内答复游客的就当场答复和解决，不要故意拖延，提出多种解决问题的方案供游客参考。提出方案时需要拿出一个双方都能够接受的解决办法，并注意，提出的方案一定能兑现。补偿游客的方式通常有打折、送赠品（包括礼物、商品或服务）等。

5. 协商解决方案

对于旅游景区工作人员提出的解决方案游客不一定觉得满意。这时一定要询问游客，且在处理问题时不能摆出一副极不情愿的表情，否则游客会对旅游景区工作人员失去好感和信任。可以这样询问游客，如"您希望我们怎么做"等。如果游客提出的处理意见和要求可以接受，就愉快地处理，这样既维护了游客的合法权益，又维护了旅游景区的合法权益。

6. 后续跟踪服务

通过跟踪服务，旅游景区可以进一步了解到投诉游客对问题处理方案的满意程度。如果有不尽如人意的地方，可以继续寻求更合适的解决方案。跟踪服务的方式通常有电话、电子邮件、信函与贺卡等。

7. 善后处理事宜

旅游景区工作人员应该记录全过程，将整个过程写成报告并存档，对一段时期的投诉进行统计分析，对典型问题要相应做出改进，不断提高服务水平，树立良好的市场形象，加强游客对旅游景区的忠诚度。

> 全班学生分组，4~6人为一组，小组成员自行举荐其他同学分别扮演投诉游客、周围的其他游客、嘉阳·桫椤湖景区的管理人员，模拟投诉处理过程，然后小组成员对整个投诉处理过程进行评估和总结。

3.3 解说服务管理

解说是利用某些媒介传达场所的自然或文化内涵，达到公众与自然交流的目的。

旅游解说服务是指通过不同形式的解说系统，实现旅游景区与游客的对话，以方便游客在旅游景区的游览，加深游客对旅游景区资源价值的理解，提高游客的鉴赏能力以及资源保护意识，使其获得满意的经历。由于可以向游客揭示或者展示旅游资源的内在意义及相互联系，服务、娱乐和教育游客，因此旅游景区的解说服务尤其重要。

3.3.1 旅游景区解说服务概述

3.3.1.1 旅游景区解说服务类型

1. 按解说方式划分

按解说方式划分，旅游景区解说服务可以分为向导式解说服务和自导式解说服务两种类型。向导式解说服务是由导游、志愿者或者旅游景区管理人员向游客提供的主动的、面对面的信息传播。自导式解说服务是指通过各种旅游印刷品、音像制品、标志系统、多媒体等设施向游客传播旅游信息。

2. 按解说内容划分

从解说内容看，旅游景区解说服务可以分为区域环境解说、旅游吸引物解说、旅游设施解说、旅游管理解说、资源保护解说五种类型。这五种解说类型是一个有机整体，各要素之间相互依赖、互相作用，形成了特定的解说服务结构。

3.3.3.2 旅游景区解说服务的作用

1. 提供信息服务和导向服务

以简单多样的方式，如入口导游图、标志牌、景点介绍牌等，向游客提供有关旅游景区的信息，使不同年龄、不同兴趣、不同文化背景的游客能获得最佳游览体会。通过科学的解说服务，游客可以在充分了解旅游信息的基础上轻松、愉悦地完成旅行。同时，游客按照旅游指南开展各项活动，可以尽量减少破坏性行为的发生。

2. 帮助游客了解并欣赏旅游资源的价值

解说服务可以更好地展示旅游景区的文化内涵，或者是向有兴趣和需要的游客提供相应的讲解资料，可以让游客对旅游景区的资源及其科学性有更深层次的理解。

3. 强化环境教育，加强对旅游资源的保护

解说服务能够让游客更加了解旅游景区的自然、人文、环境状况，了解当地居民的生活情况，可以在一定程度上增强游客保护历史自然和文化的意识，使自然生态环境保护成为全体游客共同遵守的制度。

4. 加强对游客的保护与管理

旅游景区解说设施与服务中有一个很重要的类型就是标志牌，在游客主要通道、集散地、危险地段等设置安全标志，以保证游客的安全。同时，游客的游览行为需要引导和管理，不管是向导式解说服务还是自导式解说服务，都能在一定程度上加强对游客行为的管理。

5. 提高旅游景区的综合收益

优秀的解说服务能让游客获得更充分的游览体验，一方面，能够延长游客在旅游景区的停留时间，从而刺激游客在娱乐、餐饮、购物、住宿等方面的二次消费，直接增加景区的收入；另一方面，由于游客对旅游景区满意度的增加，从而形成良好的口碑。因此，良好的解说服务能够切实提高旅游景区的经济收益、社会收益和生态收益。

3.3.2 向导式解说服务

向导式解说是以具有能动性的专门导游人员向游客进行的主动的、动态的信息传导。

3.3.2.1 服务流程

1. 准备阶段

包括形象准备、心理准备、知识准备、计划准备（旅游景区导游人员的接待工作具有及时性的特点，不可能如全陪、地陪那样做出详细的书面计划）、物质准备等。

2. 迎接服务阶段

首先，应该向游客致欢迎词，作为旅游景区讲解的开场白；其次，为游客介绍游览日程，使游客心中有数；最后，了解游客的情况，看有无特殊游客到达需求，必要时可适当放慢游览速度，以照顾行动迟缓的游客。

3. 游览阶段

旅游景区导游人员向游客介绍旅游景区的历史背景或成因，旅游景区的用途、特色、价值、地位以及名人评论等。同时要注重游客的参与，询问并回答游客的提问，鼓励游客参与主题讨论，要使讲解主题与游客体验活动紧密联系，要善于使用游客可以触摸或者使用的道具，鼓励游客参与一些具体的活动，尽可能调动游客的所有感官。

3.3.2.2 优点和缺点

1. 优点

（1）自主性强。

主要体现在以下几个方面：游客可以现场提问，实现双向交流；传达信息弹性比较大；可以根据游客特点进行信息筛选。

（2）更富有教育意义。

可以为游客创造很多难忘的旅游经历；在满足旅游需求的同时，还可以通过多种体验方式使游客体会到景区环境保护的重要性。

（3）更多的参与机会。

通过导游解说服务，游客可以获得更多的参与机会；通过导游人员的指导，游客还可以到达不常游览的一些区域，获得更好的旅游体验。

2. 缺点

（1）经费增加。

如果旅游景区专门设置导游解说服务，就需要对旅游景区导游人员进行严格的培训，使其掌握旅游景区导游人员所应该具有的解说知识和技巧，这就需要投入更多的经费。

（2）旅游行为受到限制。

参与旅游景区导游解说的项目，游客在旅游景区内的游览往往受到一定的限制。所以，导游人员在提供讲解服务时，应为游客留出充裕的时间。

3.3.3 自导式解说服务

旅游景区自助式解说服务是通过各种印刷品、音像解说系统、标示牌等设施设备向游客提供的自助的信息服务，是一种单向性的信息传播方式。

标志牌主要包括全景标志牌、景点牌示、说明牌示、交通和服务指引牌示、忠告牌示等；印刷品解说主要有旅游地图、旅游指南、旅游风光画册、门票、旅游景区出版的书籍、刊物、报纸等；电子音像解说主要包括电子导游、影像放映厅、电子滚动屏幕、电子触摸屏、广播及背景音乐等。除此之外自导式解说服务还包括网络展示解说和特殊解说服务，如听障人士所需要的助听器材或阅读材料等。

3.4 旅游景区卫生管理

旅游景区卫生是景区环境质量的重要体现，反映旅游景区的管理水平，对旅游景区的吸引力有着重要影响。包含了环境卫生、废弃物管理、旅游厕所管理等多个方面。

3.4.1 旅游景区环境卫生

《旅游景区质量等级划分与评定》标准中要求旅游景区环境要整洁，无污水、污物，无乱建、乱堆、乱放现象，建筑物及各种设施设备无剥落、无污垢，空气清新、无异味。

3.4.2 废弃物管理

包括设置污水处理、收集废弃物的分类垃圾箱、垃圾日常清扫清运、垃圾处理几个方面。废弃物管理在《旅游景区质量等级划分与评定》标准细则中占了40分，占比也比较大。

3.4.2.1 污水处理

污水处理是指为使污水达到排入某一水体或再次使用的水质要求并对其进行净化的过程。污水排放不得污染地面、河流、湖泊、海滨等；排放设施要求齐全和完好，这需要在旅游景区日常管理中定期检查和维护。在城市中可以通过城市排污管道进行集中处理，而在农村和自然地多采用生物方式进行处理，如污水通过化粪池和厌氧池，最终进入自然湿地。

3.4.2.2 垃圾管理

1. 垃圾箱的设置

垃圾箱是收集、临时存放垃圾、废弃物的容器，既是卫生设施，又是传承文化氛围的景观小品，为旅游景区增添光彩。所以旅游景区垃圾桶既要求实用，也要求外观造型美观，体现景区文化特点，实现景观化，并在材质上体现环保的要求。

（1）外观整洁。

要求保洁人员做好日常的清扫工作，同时在垃圾箱的投入口设计上也要符合实际要求，不要一味追求美观而忽视了实用性。

（2）数量合理。

要求数量充足，布局合理，有的景区为了不影响景观，把垃圾桶放在不醒目的位置，这样是不合理的。

（3）造型要求。

美观、与环境相协调，可根据景观环境专门设计造型。嘉阳·桫椤湖景区创意垃圾箱示意如图3-9所示。

图3-9　嘉阳·桫椤湖景区创意垃圾箱示意

2. 垃圾清理

要求日产日清，不留陈垃圾，随时跟踪清扫。垃圾清扫器具美观、整洁、实用，与景观环境相协调。为保证高峰期垃圾清理效果，可采用以下方式：

（1）实施保洁人员早晚班制度。

（2）聘用临时保洁员。

（3）开展志愿者工作。

知识拓展

我国的垃圾分类（图3-10）

2019年6月25日，《固体废物污染环境防治法（修订草案）》初次提请全国人大常委会审议。该草案对"生活垃圾污染环境的防治"进行了专章规定。2019年9月，为深入贯彻落实习近平总书记关于垃圾分类工作的重要指示精神，推动全国公共机构做好生活垃圾分类工作，发挥率先示范作用，国家机关事务管理局印发通知，颁布《公共机构生活垃圾分类工作评价参考标准》，并就进一步推进有关工作提出要求。2019年12月6日，垃圾分类入选"2019年中国媒体十大流行语"。

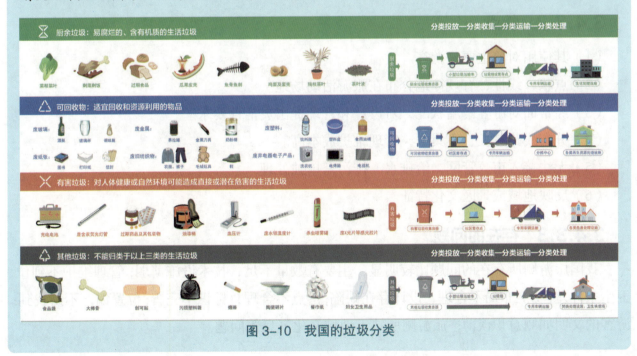

图3-10　我国的垃圾分类

3. 垃圾处理

垃圾处理是指垃圾焚烧和用其他改变垃圾的物理、化学、生物特性的方法，达到减少已产生的垃圾数量、缩小垃圾体积、减少或者消除其危险成分的活动,或者将垃圾最终置于符合环境保护规定要求的场所或者设施并不再回取的活动。我国的垃圾处理方式主要有填埋处理、焚烧处理和堆肥处理等。

旅游景区内不允许大规模集中存放垃圾,更不得在旅游景区内掩埋、焚烧垃圾,某些大型旅游景区可以建小型垃圾房,但要求位置隐蔽,外观美化。

3.4.3 旅游厕所管理

旅游厕所是旅游目的地建设的基础要件,也是展示社会公共服务和文明程度的窗口。然而,受鄙视厕所、厕所文化缺失以及一些如厕陋习等的影响,当前中国旅游厕所的总体现状仍然是"脏""乱""差""少""偏"。旅游厕所存在的问题不仅影响游客的旅游体验,还影响中国旅游业的长远发展。历年的游客满意度调查显示,旅游厕所一直是游客抱怨的焦点。可以说,长期以来,旅游厕所是中国旅游业最突出的薄弱环节,是横在中国旅游业发展车轮前的一道坎。

厕所革命

3.4.3.1 定义

旅游厕所是指在游客活动场所建设的主要为游客服务的公用厕所,可以将其划分为全国旅游景区景点、旅游路线沿线、交通集散点、乡村旅游点、旅游餐馆、旅游娱乐场所、休闲步行街区等的旅游厕所。

3.4.3.2 特点

(1)其使用对象主要是游客。
(2)点状、线性、有规律地分布在旅游活动场地。
(3)经常面对游客暴增状况,对设计和管理提出灵活性要求。
(4)分布线路较长、不集中,管理维护成本高。
(5)无法接入市政管网,给排水、排污需单独处理。
(6)反映地域或景区文化特征。

3.4.3.3 存在的问题

我国旅游厕所存在的问题比较明显,主要有数量不足,技术设施薄弱;管理维护不到位,卫生条件差;功能布局不合理,设计存在缺陷;落点不合理,标识不完善;位置偏,不易找到;游客的文明如厕意识淡薄;旅游厕所缺乏地域文化气息等问题。

3.4.3.4 提升旅游厕所管理水平

2016年8月,新的《旅游厕所质量等级的划分与评定》国家标准正式施行,旨在提高旅游厕所管理水平，更好地为国内外游客提供服务，保护自然生态，优化旅游环境，提升旅游形象。

1. 充足数量

厕所总量达到旺季日均游客接待量的5‰以上。若固定厕位不能满足高峰期需求，设流动厕所。同时男女厕位比例为4∶6。

2. 位置设置合理

旅游厕所设置位置要相对隐蔽，宜"靠边"布置，但易于寻找，最好距游道20~30 m，方便到达。便器数量分布要与游客分布匹配。要求旅游厕所无环境污染。

3. 完善旅游厕所设备洁具质量

主要游览场所的旅游厕所应具备盥洗设施（水龙头）、挂衣钩、卫生纸、洗手液、面镜、干手设备、烟缸等且实用有效。

4. 加强文化展示

旅游厕所内部有文化氛围，厕所内根据旅游景区特点进行装饰布置。旅游厕所外观、色彩、造型与景观环境协调。

5. 设残疾人厕位

"第三厕所"，也被称为"中性厕所"，其用途主要为方便游客照顾家人如厕，有独立的出入口，方便父母带异性的孩子、子女带异性的老人外出，照顾其如厕。它的出现既体现了社会在"厕所文明"上的进步，同时也体现了城市公共基础设施建设方面的人性化，应得到充分的肯定。

6. 确保厕所使用水冲或生态厕所的比例达100%

生态厕所是指具有不对环境造成污染，并能充分利用各种资源，强调污染物自净和资源循环利用概念和功能的一类厕所。从不同的着眼点出发，目前已出现了太阳能公厕、免水冲洗厕所和循环水冲洗厕所等不同类型的生态厕所。

> **试一试**
> 熟悉《旅游厕所建设管理指南》与《旅游厕所质量等级的划分与评定》，找一找两个标准之间的区别。

第3章 旅游景区设施与服务管理

复习思考

一、单项选择题

1. （　　）既是游客入门的凭证，又是旅游景区宣传自身旅游形象的载体。
   A. 旅游地图　　　B. 旅游指南　　　C. 门票　　　D. 旅游风光画册

2. 停车场管理属于（　　）。
   A. 旅游景区交通管理　　　　B. 旅游景区住宿管理
   C. 旅游景区环境管理　　　　D. 旅游景区接待管理

3. 按照制作材料的不同，门票可分为代门票、纸质门票和（　　）。
   A. 电子门票　　　B. 智能门票　　　C. 特质门票　　　D. 网络门票

4. 售票服务不包括（　　）。
   A. 售票　　　B. 验票　　　C. 售票交接　　　D. 问讯

5. （　　）一般位于旅游景区的入口，是旅游景区对外形象展示的主要窗口。
   A. 停车场　　　B. 游客中心　　　C. 核心景观　　　D. 旅游景区管理处

二、多项选择题

1. 旅游景区的订票方式灵活多样，主要有（　　）。
   A. 电话订票　　　B. 售票处订票　　　C. 通过旅行社订票
   D. 团体订票　　　E. 网上订票

2. 游客投诉的心理主要有（　　）。
   A. 求尊重心理　　　B. 求平衡心理　　　C. 求补偿心理　　　D. 求安慰心理

3. 我国常用的垃圾处理方式有（　　）。
   A. 压缩　　　B. 填埋　　　C. 焚烧　　　D. 堆肥

4. 在游览线路的设计上，旅游景区通常采用（　　）。
   A. 树状布局　　　B. 点状布局　　　C. 网状布局　　　D. 环状布局

5. 门票具有（　　）功能。
   A. 基本　　　B. 广告　　　C. 导览　　　D. 收藏

三、判断题

1. 自助式解说系统的解说内容一般都经过了精心地挑选和设计，具有较强的科学性和权威性。　　　　　　　　　　　　　　　　　　　　　　　　　　　　　　（　　）

2. 旅游景区管理人员要对游客的队列进行科学的管理，尽量缩短游客排队等候的时间。　　　　　　　　　　　　　　　　　　　　　　　　　　　　　　　　（　　）

3. 旅游线路进出口要设置在游客活动集中区域，不需要进出口分设。　　（　　）

4. 在售票过程中，票、款出现差错的，不需要及时向上一级领导反映，多款上交，

短款自补。（　　）

5. 突出重点讲解法就是用凝练的词句概括所游览景点的独特之处，从而给游客留下突出印象的导游解说方法。（　　）

四、简答题

1. 旅游景区交通服务的作用是什么？
2. 一个成熟景区的游客中心应该为游客提供哪些设施与服务？
3. 在旅游景区导入服务中，队列管理显得尤为重要，具体有哪些队列类型，各有什么特点？
4. 在旅游景区管理中，游客投诉的原因主要有哪些？当遇到游客投诉时，作为旅游景区工作人员，应该如何处理？
5. 熟悉导游词的写作要求和写作程序，挑选自己家乡的一个景点，写一篇导游词。
6. 分析向导式解说服务有什么优缺点。
7. 我国旅游厕所现存哪些问题，可以采取哪些措施提升旅游厕所的服务与管理水平？

第4章

旅游景区商业服务与管理

学习目标

※ 知识目标

1. 了解旅游景区餐饮服务的类型、特点，熟悉旅游景区餐饮服务质量及操作流程；掌握景区餐饮管理。

2. 了解旅游景区住宿服务的概念及意义；熟悉旅游景区住宿类型及住宿服务流程；熟悉旅游景区住宿管理内容。

3. 了解旅游景区购物服务的概念及特点；熟悉旅游景区购物服务管理内容；熟悉旅游商品的种类；掌握旅游商品的管理、购物场所建设与管理及商品经营从业人员的管理。

※ 能力目标

1. 能够进行景区餐饮、住宿、购物的日常管理。
2. 能够提供专业的景区餐饮服务、住宿服务和购物服务。

内容框架

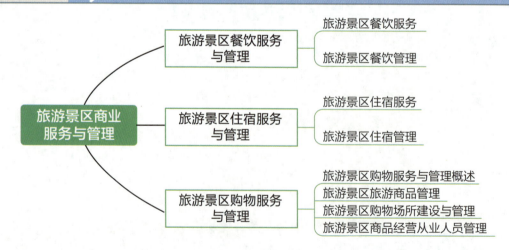

案例导入

嘉阳·桫椤湖景区目前尚未构建合理的满足不同游客需求的高中低档住宿接待体系，餐饮、购物点管理较为混乱，餐饮、旅游商品挖掘不深，未将旅游区丰富的产品展示出来，因此根据国家5A级旅游景区中对住宿、餐饮、购物的最新要求，对其产品与服务进行提升。

旅游住宿：按照5A级旅游景区的标准，完善现有跃进站、芭沟矿业文明风情小镇的住宿设施建设，依托犍为县城，建设商务型、特色民宿型、营地型、主题酒店型等多种层次、类型的住宿设施，如以小火车主题营地、纯生态梯田为主题景观背景的乡村田园度假酒店等，满足不同游客的住宿体验需求。

餐饮接待：按照5A级旅游景区的标准对现有餐饮接待点进行全面管理质量提升，禁止乱摆乱放，加强食品安全监管，提升就餐环境，加强对从业人员的服务品质培训。在菜品设计方面应充分反映嘉阳·桫椤湖旅游景区的特色，按照时令推出不同系列的餐饮，增加餐饮文化内涵。

旅游购物：按照5A级旅游景区的标准对现有购物点进行合理设置，提升购物点档次，加大对名优特新农副产品的开发力度，大力做好嘉阳保健粑、金蝉花、茉莉花、双麻酥、犍为酥芙蓉、兰花烟、红脆李、樱桃、枇杷等农副产品的品牌设计和营销。

4.1 旅游景区餐饮服务与管理

4.1.1 旅游景区餐饮服务

俗话说"民以食为天"，在旅游六要素（食、住、行、游、购、娱）中，"食"排在第一位，是满足游客需求的基础性项目，因此，绝大多数旅游景区会提供餐饮服务。餐饮服务是旅游景区综合服务体系的重要组成部分，旅游景区餐饮产品能否反映旅游景区的饮食文化特色，餐饮服务质量水平是否优质高效，影响着旅游景区的形象，同时也是旅游景区收入的重要组成部分。

4.1.1.1 旅游景区餐饮服务的类型

1. 团队餐饮服务

团队餐饮主要针对普通旅游团队游客以及拓展会议等特殊团队游客，团队餐饮的特点为客流量大，但人均消费低；在产品质量方面，游客普遍关注食品卫生和产品特色问题。由于团队餐饮讲究翻台率，一次用餐客流量大，通常其形式为酒店餐饮部，即景区内宾馆、酒店内的餐厅；或者为只提供餐饮服务的餐饮企业，如连锁餐饮企业、中餐厅、西餐厅、自助餐厅等。总之，团队餐饮（图4-1）更注重高工作效率，不要求过高的服务标准。

第4章 旅游景区商业服务与管理

图4-1 团队餐饮

2. 散客餐饮服务

散客餐饮形式有饮品店、中西式快餐店、售货亭、流动摊贩等，客流量极不稳定，其经营管理的重点在于餐厅的布局和产品创新，要求方便快捷，能够体现出旅游景区当地饮食文化，还需要更加灵活多变的市场营销策略和多样化的营销手段。

4.1.1.2 旅游景区餐饮服务的特点

1. 服务对象多元化

景区餐饮的消费者来自全国各地甚至世界各地，景区不仅要体现当地民族饮食的独特魅力，还要考虑国际游客的饮食需求。且不同的游客在年龄、性情、喜好、口味、支付能力、个人经历以及心理需求等方面各不相同，对景区餐饮的要求也存在很多差异，所谓众口难调，这些都给景区餐饮服务与管理带来一定的困难和挑战。

2. 内容形式多样化

由于服务对象的多元化，就需要更加丰富的餐饮形式来满足。旅游景区内通常应设有饮食一条街，其中包含农家乐、户外烧烤、特色餐馆、宴会餐厅、主题餐厅、饮品店、售货亭等多种形式，游客可根据自身需要自由选择。

3. 客源市场季节性

旅游的淡旺季使得旅游景区餐饮具有明显的季节性。一般来说，在旅游旺季（节假日、大型节事活动期间）游客较多，餐饮需求量较大，因此需重点抓住游客高峰期的用餐服务与管理，掌握波动性规律，提前储备餐饮从业人员及食材，保证服务质量。

4. 监督管理困难性

由于旅游景区内餐饮形式较多，大多数属于不同的利益主体，如果没有有效的监督管理机制，则会出现恶性市场竞争、餐饮产品同质化严重、缺乏地方特色、环境卫生得不到保证等问题，旅游景区餐饮管理的难度较大。

4.1.1.3 旅游景区餐饮服务质量要求

1. 餐饮服务内容及标准

为了保证旅游景区餐饮服务质量，必须制定服务质量标准和服务规程，通过对服务标准和每个环节的动作、语言、时间、用具以及对意外事件、临时要求的化解方式、方法等的规定，来规范对客服务的行为，稳定餐饮服务质量。另外，游客接受服务时的主观感受，因人、因地、因事而异，因此要求餐饮服务在标准化服务的基础上，对不同的游客需求提供有针对性的、个性化的服务。国家质量监督检验检疫总局（现国家市场监督管理总局）制定的《旅游餐馆设施与服务等级划分》（GBT 26361—2010）将旅游餐馆从低到高依次划分为铜盘级、银盘级和金盘级（图4-2）三个等级，每个等级对服务项目提出了不同的要求，见表4-1。

图 4-2 各地金盘级旅游餐馆示例（左为三亚市，右为绍兴市）

表 4-1 《旅游餐馆设施与服务等级划分》中对服务项目及游客意见调查满意率的要求

类别	铜盘级	银盘级	金盘级
服务项目	（1）应为游客提供与经营项目有关的咨询服务； （2）应有订餐服务； （3）应用普通话提供服务	（1）应为游客提供与旅游、经营项目有关的咨询服务； （2）应有订餐处，并提供宴会菜单； （3）应用普通话及外语（至少一门）提供服务； （4）应提供银行卡、信用卡结算服务，结账区域应张贴银联受理标志； （5）应为儿童、残疾人、老年人提供特殊服务； （6）应提供门前迎接服务； （7）应为游客提供车辆引导服务	（1）为游客提供与旅游、经营项目有关的咨询服务； （2）提供宴会预订、宴会菜单及特色服务； （3）应提供正规的宴会服务； （4）应能用普通话及两门以上外语（英语为必备语种）提供服务； （5）应提供银行卡、信用卡结算服务，结账区域应张贴银联受理标志； （6）为儿童、残疾人、老年人提供特殊服务； （7）提供门前迎接服务； （8）为游客提供车辆引导及安排出租汽车服务； （9）能提供餐肴委托加工服务
游客意见调查满意率	满意率为85%	满意率为90%	满意率为95%

2. 餐饮服务基本原则

（1）对游客礼貌、热情、亲切、友好。

（2）对所有游客，不分种族、民族、国别、贫富、亲疏，一视同仁。

（3）关注并尽量满足游客的需求，高效率地完成对客服务。

（4）遵守国家法律法规，保护游客的合法权益。

（5）尊重游客的道德信仰与风俗习惯，不损害民族尊严。

3. 餐饮服务基本要求

（1）仪表仪容。

着工装，整洁、合体，佩戴工牌上岗；女餐饮服务人员须化淡妆，不留长指甲，不涂有色指甲油；男餐饮服务人员不得留小胡子。

（2）言行举止。

举止端庄，站、坐、行姿符合各岗位的规范与要求；以协调适宜的自然语言和身体语言对客服务，遇到游客，主动问好，侧身让道。

（3）语言。

使用文明服务敬语，简明清晰；对游客提出的问题暂时无法解决时，应耐心解释并于事后设法解决，不推诿和应付。

（4）业务能力与技能要求。

制定切实可行的措施，加强对专业技术人才的管理，定期培训餐饮服务人员（图4-3），加大对餐饮服务人员的安全卫生知识、外语口语能力、服务礼仪、服务技能等培训，不断提高其业务技能和素质涵养。

餐饮服务人员经过专业培训，应具备相应的从业资格证书，掌握相应的业务知识和技能，并能熟练运用。

图4-3 餐饮服务人员业务技能培训示例（自摄）

> **练一练**
>
> 全班学生分组，4~6人为一组，小组成员自行举荐其他同学分别扮演游客A和嘉阳·桫椤湖景区餐饮服务人员，模拟现场餐饮服务，并由小组成员对整个现场服务的全过程进行评估和总结。

4.1.2 旅游景区餐饮管理

在《旅游景区质量等级的划分与评定》（GB/T 17775—2003）中，餐饮分项分值占20分，主要从布局与容量、类型、特色、管理与服务四个方面进行评定（表4-2）；在《旅游餐馆设施与服务等级划分》（GB/T 26361—2010）中，主要以服务项目、菜品质量、服务质量、安全卫生环境、建筑、设施设备等为依据划分等级。因此，结合这两个标准，我们可以从以下几个方面管理旅游景区餐饮：

表 4-2 《旅游景区质量等级的划分与评定》（GB/T 17775—2003）（修订版）

评定项目	检查评定方法与说明	分项分值栏	次分项分值栏
住宿		15	
布局与容量	布局合理，能满足游客的餐饮需求		5
	布局比较合理，能基本满足游客的餐饮需求		3
类型	能提供面向不同消费档次和不同行为偏好（商务、民宿等）的住宿类型		3
特色	住宿设施与服务具有特色		2
管理与服务	环境与设施整洁舒适2分，管理规范、秩序良好、服务态度优良各1分		5

4.1.2.1 布局与选址

各种类型的餐饮场所需要旅游景区提前做好布局，一般布置在游览起始点、途中和目的地，布局和服务功能要根据游程需要安排，位置要符合便利性的要求，有良好的外部连通性和便捷的内部通达性。

4.1.2.2 建筑装修设计

作为旅游景区的一个组成部分，餐饮场所在建筑外观设计与建筑材料使用上要与周围景观环境协调一致，切忌造成视觉污染，不得损害旅游景区景观和生态环境（图4-4）。旅游景区餐厅内部装修设计方面既要突出特色，别具一格，具有可变空间，使餐厅可进行弹性容量控制；又要通过配饰、灯光、音乐、色彩等营造舒适的就餐环境，同时还要注意营造场所周围的环境。

第4章 旅游景区商业服务与管理

图 4-4　福建土楼——南靖云水谣景区内餐厅（自摄）

4.1.2.3　设施用品管理

设施用品管理包括食品安全卫生、环境与设施整洁舒适、管理规范和秩序良好，具体来说就是设施设备的正常运转，如硬件的完好程度、安全程度、舒适程度和方便程度以及硬件的档次和规格；对供水供电、煤火设施以及墙面、地板、天花板等设施设备的定期维护和检修；餐具、炊具、台布、餐巾、面巾等应每日清洗、消毒，禁止使用不可降解、对环境造成污染的一次性餐饮具。

4.1.2.4　餐饮产品开发与创新

餐饮产品开发与创新要以游客为导向，考虑菜肴的花色品种、清洁健康、香味口感、色泽外观、内在质量与价格之间的吻合程度，需尽量挖掘当地文化内涵，从外观、口感和健康等方面体现餐饮产品的精髓，反映旅游景区所在地区的风土特色。同里古镇承恩堂手写菜单如图4-5所示。

主题菜单示例：德阳香山鹭岛旅游景区菜单——香山欧鹭

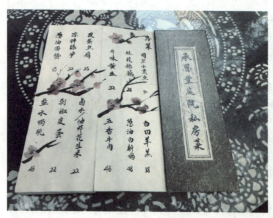

图 4-5　同里古镇承恩堂手写菜单

> **做一做**
> 为本小组所选旅游景区设计一份主题菜单。

4.2 旅游景区住宿服务与管理

4.2.1 旅游景区住宿服务

4.2.1.1 旅游景区住宿服务概念及意义

旅游景区住宿服务就是借助旅游景区的住宿设施和服务人员向游客提供的以满足游客在景区住宿、休息等需求为基本功能，同时也可满足游客其他需求的服务。旅游景区住宿服务是景区服务的一个有机组成部分，但并非所有旅游景区都提供住宿服务。《旅游景区质量等级的划分与评定》（GB/T 17775—2003）中要求3A级及以上旅游景区宜具有营地、民宿、酒店等不少于1项住宿接待功能。能满足不同类型游客的过夜住宿需求，设施与服务有特色，管理规范，环境整洁，秩序良好，服务优良（表4-3）。

表4-3 《旅游景区质量等级的划分与评定》（GB/T 17775—2003）（修订版）

评定项目	检查评定方法与说明	分项分值栏	次分项分值栏
住宿		15	
布局与容量			5
布局合理，能满足游客的住宿需求			5
布局比较合理，能基本满足游客的住宿需求			3
类型	能提供面向不同消费档次和不同行为偏好（商务、民宿等）的住宿类型		3
特色	住宿设施与服务具有特色		2
管理与服务	环境与设施整洁舒适2分，管理规范、秩序良好、服务态度优良各1分		5

旅游景区住宿服务与景区其他类型的服务相互配合，为游客在其中的旅游活动提供最基本的条件，使他们的基本需求得到满足和保障，并获得心理上的安全感。设施齐全、高质量的住宿服务同样可以为游客带来美好的体验，延长他们在旅游景区停留的时间，提高满意度和重游率，增加旅游景区的营业收入。

4.2.1.2 旅游景区住宿服务设施的类型

嘉阳·桫椤湖旅游景区住宿设施类型

1. 标准酒店类

标准酒店类包括星级酒店、度假村、疗养院、避暑山庄、会议中心等，一般是按照国家星级酒店标准建设，并执行标准化服务，可以使游客获得较为舒适的旅行生活，但消费水平较高，一般只适用于规模较大的旅游景区和旅游度假区。

2. 经济旅店类

经济旅店类住宿接待设施不参与国内酒店的星级评定，主要为游客提供整洁而简单的入住环境，设施环境质量及服务标准较星级酒店差，以客房为主要经营项目，餐饮、康乐、会议等配套设施很少或没有，但价格便宜，适用人群较广。如7天连锁、如家和各种青年旅舍等。

3. 民居客栈类

民居客栈类一般是由家庭自有建筑为住宿设施，以体验民居文化为目的的游客为主要服务对象的酒店，经营者多为当地居民，并参与接待，如家庭旅馆、主题民宿等。此类接待设施能够提供住宿空间、设施和简单的服务，客房容量相对较小。其中，某些主题民宿能够反映出当地的风土人情、历史文化特色，感受民宿主人的热情与服务，并体验有别于以往的生活。嘉阳·桫椤湖景区民宿度假村规划如图4-6所示。

图4-6　嘉阳·桫椤湖景区民宿度假村规划

4. 景区特色住宿

旅游景区特色住宿接待设施是根据旅游景区的自然和人文环境设计出的住宿系统，如水上别墅、度假木屋、蒙古包等。该类住宿接待设施能够为游客提供别具特色的住宿服务体验。与此同时，它们也成为旅游景区中独特的景点，可以让游客感受景区内特有的自然和文化氛围。

知识拓展

国内第一家冰雪酒店美到窒息，几个月后将在地球上消失

如果你说太多酒店大同小异令人麻木，每次出差或者旅游都不太记得酒店的名字，那么我要给你一个最特殊的推荐，说"终生难忘"一点都不夸张——中国第一家最酷的冰雪酒店：根河敖鲁古雅 Ice Hotel（图 4-7）。敖鲁古雅系鄂温克语"杨树林茂盛的地方"之意，因河而得名。敖鲁古雅鄂温克族乡是内蒙古根河市唯一的民族乡，素有"中国驯鹿文化之乡"的美誉。敖鲁古雅鄂温克猎民长年生活在大兴安岭密林深处，是中国唯一饲养驯鹿的民族。敖鲁古雅 Ice Hotel 完全由冰雪打造。2017 年 12 月底，酒店开始营业，并持续开放至 2018 年 2 月底。占地约 1 000 m^2，需用冰雪 1 500 t。到次年的 5 月底冰雪就会融化，整个酒店慢慢消失，化为冰水，只待下个冬季再出现。敖鲁古雅 Ice Hotel 每年都会重生，艺术家精心设计雕琢每个房间。一个房间便是一个艺术作品，而几个月后这些高冷的艺术又将随着温度的回升而彻底消失。2017 年，敖鲁古雅 Ice Hotel 设计了 10 间手工雕刻的冷艳艺术套房，面积为 10~15 m^2，均为大床房，每个房间设计风格各不相同，内部全部设施为冰刻床、灯、桌子……床上铺设驯鹿皮。在这可体验到最真实的极寒世界，套房内的温度仅有 −4℃ 左右，但是酒店会提供保暖睡袋和保暖衣物，以保证你能在里面睡觉不被冻僵。敖鲁古雅 Ice Hotel 里面还有 Ice Bar，里面装酒和饮料的杯子也全都是用冰做的，喝完可以把杯子也带走。在敖鲁古雅 Ice Hotel 的餐厅设有 18 张西餐桌、1 张中餐圆桌，全部为冰刻，西餐椅子为圆木墩，上面铺兽皮，可供 100 人同时就餐；晚上还可以到演艺中心欣赏冰雪小型演出。以"敖鲁古雅舞台剧"为核心的演出，十分吸睛，亮点就在于用于弹奏的乐器均为冰刻。梦幻般的酒店里如果有一个冰雪书屋是什么感觉？大概能体验到别样的文化气息吧。惊艳的冰雪套房住宿体验，乘坐驯鹿拉爬犁，看敖鲁古雅民族风情演艺，在这里可以拥有如梦一般的体验！

图 4-7　敖鲁古雅 Ice Hotel

（资料来源：https://www.sohu.com/a/205750765_101437）

5. 露营式住宿

随着自驾游体系的完善，各种形式规格的露营地受到追捧，旅游景区内也随即出现多种露营式住宿接待系统，如帐篷露营地、汽车营地、夏令营地等。旅游景区内的露营式住宿是指旅游景区开辟专用营地作为游客夜间露营休息的场所，游客自带露营设施，如房车、露营车、帐篷或租用旅游景区的露营设施实现住宿。虽然目前露营在我国旅游景区还仅作为游憩项目存在，但伴随着中国自驾游占旅游总量比例的上升及自驾游俱乐部、户外运动俱乐部的发展，露营式住宿发展潜力及需求巨大，也可作为风景秀美、条件适宜的旅游景区旅游吸引物之一。嘉阳·桫椤湖景区小火车主题度假休闲营地规划如图4-8所示。

图4-8　嘉阳·桫椤湖景区小火车主题度假休闲营地规划

为本小组所选旅游景区设计打造特色住宿方案。

4.2.1.3　旅游景区住宿服务内容

旅游景区住宿服务所针对的客源主要是到旅游景区观光、游览、度假的游客，客源相对较为单一，并极易受到旅游景区旅游淡旺季的影响，因此，旅游景区客房规模相对较小，功能也不全面，需要借助旅游景区其他部门（如餐饮部、娱乐部等）进行弥补和配合。

嘉阳·桫椤湖景区住宿设施布局图

旅游景区住宿服务主要包括接待服务和客房服务两个方面，在业务上和内部管理上与星级酒店管理差别不大。前厅接待服务的内容包括客房预订服务和接待服务，具体有前厅销售服务、客房预订服务、入住登记服务、问询服务、礼宾服务、总机与商务中心服务、前厅收银服务；客房服务包括清洁卫生服务（清洁整理客房、更好补充物品、检查保养设备）和对客服务（如管家式服务等）。

4.2.1.4　旅游景区住宿服务基本要求

（1）对游客不分种族、民族、国别、贫富、亲疏，一视同仁。

（2）密切关注并尽量满足游客的需求，高效率地完成对客服务。

（3）遵守国家法律法规，保护游客的合法权益。

（4）尊重游客的道德信仰与风俗习惯，不损伤民族感情。

（5）对游客提出的问题无法解决时，应耐心解释，不推诿和应付。

（6）熟练掌握相应服务岗位的业务知识和技能，并能准确运用。

对工作人员个人素养的要求包括遵守酒店的仪容仪表规范，端庄、大方、整洁；着工装、佩戴工牌上岗；服务过程中表情自然、亲切、热情适度，提倡微笑服务。员工语言文明、简洁、清晰，符合礼仪规范；站、坐、行姿符合各岗位的规范与要求，主动服务，有职业风范；以协调适宜的自然语言和身体语言对客服务，使游客感到尊重舒适。工作人员应掌握相应的业务知识和服务技能，并能熟练运用。

> **练一练**
>
> 全班学生分组，4~6人为一组，由小组成员分别扮演游客和所选景区住宿服务人员，模拟现场前厅接待服务，然后小组成员对全过程进行评估和总结。

4.2.2 旅游景区住宿管理

4.2.2.1 住宿场所建设

根据不同的旅游景区住宿服务设施，其场所在建设时的布局选址、装饰设施及规模体量上所要考虑的因素也各不相同，需要各自侧重，见表4-4。

表4-4 不同类型住宿服务设施场所建设要求

住宿类型	布局选址	建筑外观	装饰设施	规模体量
标准酒店类	良好的交通可进入性，能够允许汽车直接通达，并能到达旅游景区的核心区，但不可过于靠近交通要道，以保持安静独立的住宿环境	与旅游景区环境景观协调一致，外观设计特色化、生态化、造型景观化	采用低碳环保的装饰装修、能源及相关设施	依据最佳旅游容量来确定，不宜过大而显得突兀；要考虑内部设施规模、质量等级和设施类型
经济旅店类	交通的便捷性和成本的低廉性，要具有良好的内外连通能力	建筑形式上与旅游景区风格一致，不破坏景区景观，要与周边居民建筑融合	设施设备达到基本要求和安全性要求，安全、卫生、方便是基本标准	可大可小，一般每层16~20间客房，总层数不超过10层
民居客栈类	位于居民聚集区或旅游景区商业街内	与旅游景区环境景观相协调，与周边居民建筑融合	内部装饰装修具有当地特色，生活气息浓厚，具有基本的配套设施	体量一般不会很大，但房间数较多，至少有2个以上房间，4个以上提供游客住宿的床位，人均居住面积不小于4m²

续表

住宿类型	布局选址	建筑外观	装饰设施	规模体量
露营式住宿	远离核心景点、风景秀美、贴近大自然的区域。还要考虑可进入性和水源供给状况，以及地表坡度、植被状况、地面土壤和危险物等因素	能够满足基本的日常住宿、餐饮、卫生需求，有汽车停靠区，邮电、通信、饮水等基础设施配备齐全，配套设施外观造型与旅游景区一致、标识标牌清晰、醒目，与旅游景区统一		根据旅游景区大小规模而有所不同

4.2.2.2 住宿质量管理

住宿服务质量标准是住宿服务管理最重要的基础工作，服务程序和管理制度是旅游景区住宿管理的前提和基础，所以旅游景区在进行住宿管理的时候要十分重视这三个方面，确保可以为游客提供高标准、高质量的服务。

4.2.2.3 住宿安全管理

主要涉及设施设备的安全、突发事件的应急处理、犯罪与盗窃的防范计划、控制与管理，所以旅游景区住宿场所需要取得消防等方面的安全许可，确保消防设施的完好和有效运行以及水、电、气、油、压力容器、管线等设施设备的安全有效运行。制定和完善地震、火灾、食品卫生、公共卫生、治安事件、设施设备突发故障等各项突发事件应急预案（图4-9）。加强旅游景区住宿大门入口、电梯入口、楼层走道的安全控制与管理；加强客房门锁与钥匙以及客房内设施设备的安全控制与管理等。

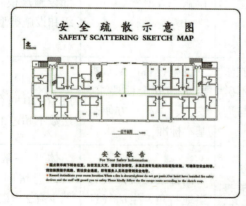

图4-9 旅游景区住宿场所安全疏散示意图及消防安全应急预案制度标语

> **想一想**
>
> 还可以采取哪些措施来加强旅游景区住宿安全管理？

4.3 旅游景区购物服务与管理

4.3.1 旅游景区购物服务与管理概述

4.3.1.1 旅游景区购物服务概念及特点

旅游购物是指旅游过程中购买旅游商品的经济文化行为及与此相关的行为总和,包括专门的购物旅游行为和旅游中一切与购物相关行为的总和,但不包括出于商业目的而进行的购物活动。旅游购物包括旅游商品、旅游购物设施和人员等要素。旅游景区购物行为通常具有以下几个特点:

1. 随意性

景区内的旅游购物是非基本旅游消费,如果景区商品品种丰富而有特色,购物环境好,游客也会因为即时的兴趣而产生购物行为。

2. 仓促性

受到旅游行程的限制和旅游动态行为的影响,一般游客既来不及也无法对产品仔细鉴别,而且相对缺乏该产品的知识。

3. 从众性

游客大多是结伴而行,少数人购买商品的行为可以调动他人的购物欲望,产生从众心理,提高购买力。

4.3.1.2 旅游景区购物服务与管理内容

旅游景区购物服务是旅游景区商业服务的一个重要组成部分,从《旅游景区质量等级的划分与评定》(GB/T 17775—2003)中可以看出对景区购物服务管理,主要包括对购物场所建设与管理、商品经营从业人员管理及旅游商品管理三个大的方面(表4-5)。

表 4-5　不同旅游景区级别对旅游购物的要求

景区等级	详细要求
5A	（1）购物场所布局合理，建筑造型、色彩、材质有特色，与环境协调。 （2）对购物场所进行集中管理，环境整洁，秩序良好，无围追兜售、强买强卖现象。 （3）对商品从业人员有统一管理措施和手段。 （4）旅游商品种类丰富，本地区及本旅游区特色突出
4A	（1）购物场所布局合理，建筑造型、色彩、材质有特色，与环境协调。 （2）对购物场所进行集中管理，环境整洁，秩序良好，无围追兜售、强买强卖现象。 （3）对商品从业人员有统一管理措施和手段。 （4）旅游商品种类丰富，具有本地区特色
3A	（1）购物场所布局合理，建筑造型、色彩、材质与环境协调。 （2）对购物场所进行集中管理，环境整洁，秩序良好，无围追兜售、强买强卖现象。 （3）对商品从业人员有统一管理措施和手段。 （4）旅游商品种类丰富，具有本地区特色

4.3.2 旅游景区旅游商品管理

4.3.2.1 旅游商品概述

旅游商品是指游客在旅游过程中所购买的，具有一定特色的实物性商品。旅游商品的购买者一定是游客；旅游商品的购买发生于旅游活动过程中；旅游商品的购买动机是非商业性和非投资性的，购买目的是馈赠亲友和加深旅游印象；旅游商品是以实物形态存在的，具有纪念性和当地特色或者是满足旅游活动需要，不包含旅游线路、服务等无形产品。

4.3.2.2 旅游商品分类

不同学者对旅游商品的分类有不同的划分方法，一般来说，按游客旅游活动的阶段来划分，可分为四类：①游客旅行前在居住地购买的准备在旅途中使用的旅游商品。②游客在旅游活动中购买的，具有旅游目的地"地方特色"的旅游商品，称为旅游纪念品。③游客在旅游活动中购买的，满足日常生活需要的旅游商品，称为旅游日用品。④国际游客在已经办完出境手续，即将登机、上船和乘车前往境外之前，在免税店购买的旅游商品，称为免税旅游商品。

按游客购买的实际用途状况来划分，是旅游商品的主要分类方法，可分为：①旅游纪念品；②旅游工艺品；③文物古玩及其仿制品；④土特产品；⑤旅游用品。

4.3 旅游景区购物服务与管理

> **知识拓展**

旅游文创商品

如何开发和经营旅游商品，既是国内旅游景区的短板，也是文化变现的巨大价值洼地。以往我们对旅游商品的认知，仅仅停留在工艺品、纪念品、农副产品的层面，随着市场的变化，传统的旅游纪念品、工艺品销量逐年下降，而文创商品、文创美食、创意生活用品、文创体验产品等成为主流发展方向。

旅游文创商品是近几年随故宫文创火爆之后兴起的热词。旅游商品向旅游文创转变，旅游文创向大文创产业转变，"文创+旅游"已成为旅游消费发展的大趋势，但文创商品概念目前仍未有明确的定义，因此，在开发与运营文创商品前，需要先加深对文创商品的认知。

文创商品是指依靠人的创意智慧、技能和天赋，借助于现代科技手段对文化资源、文化用品进行创造与提升，通过知识产权的开发和运用，而生产出的高附加值商品。旅游景区文创商品挖掘属地区域的文化，融合地域历史与文化因素，将旅游景区特色活灵活现地展现在游客面前。旅游产业包罗万象，文化与旅游业的融合将有无限可能，文创商品将有更多挖掘和开发的潜力空间。

以东京迪士尼为例，以孩子为中心的家庭是迪士尼永恒不变的市场主体，产品以童话性和浪漫性以及纪念商品的精致性和可爱性为特点，吻合了游客的偏好。围绕市场主体及产品定位，迪士尼通过固有超级IP不断衍生迭代商品，进行多维变现，比如依靠唐老鸭和米老鼠等IP，研发多样化的商品，玩偶、帽子、冰箱贴、水杯等，从必需品到奢侈品，从节庆产品到园区专属产品，衍生商品为满足游客多元化的需求而创新。

故宫博物院通过源源不断的创意，让自己的品牌文化和理念触动消费者的内心，并通过网络化、人格化、趣味化的方式结合新媒体营销手段，成功塑造了自己的大IP，上万款文创商品广受游客喜爱（图4-10）。"奉旨旅行"行李牌、"朕看不透"眼罩、"朕就是这样汉子"折扇等融合历史与当代年轻人语境的IP产品，让故宫博物院真正将"文化"落地到了"产品"上。

图4-10 故宫文创

（资料来源：http://www.360doc.cn/mip/924993268.html）

4.3.2.3 旅游商品管理

1. 商品种类特色要求

旅游商品种类、品种、规格丰富齐全，能满足游客基本的购物需求。应以当地的特色商品为主，不断推陈出新，只有具有鲜明的区域性特色，融合了当

嘉阳·桫椤湖景区旅游商品现状

第4章 旅游景区商业服务与管理

地民俗文化精粹，能够象征某一地区文化的旅游商品，方能得到游客的青睐。同时，旅游商品也要注重实用性、艺术性和纪念性，设计精美、特色突出的旅游商品就是旅游景区对外宣传的名片，不光是游客美好回忆的物质载体，也是传播旅游景区口碑的桥梁，嘉阳·桫椤湖旅游景区旅游商品品种规划见表4-6。

表4-6 嘉阳·桫椤湖旅游景区旅游商品品种规划

类别		品名	开发规划
名优土特产	中药材及保健品	金蝉花、重楼、白及、药用百合、清心菊花茶、犍为绿茶	分类别、精装、完善药用价值、营养价值及使用说明
	有机食材	有机彩稻、牡丹籽油、食用百合	精选上等佳品进行精品包装，便于携带及存储
	特色水果	金蝉桃（四季桃）、花红李、红脆李	运用高新工艺，制成片、果脯、果汁等，方便携带及存储
	特色药膳	金蝉花药酒、金蝉系列药膳、百合系列药膳、菊花药膳、牡丹药膳	采用真空技术，将药膳制成可存储的底料，注册商标，开辟线上线下销售体系
	风味饮食	嘉阳保健粑、叶儿粑、脆膜豆腐脑、玻璃烧卖、蒸笼牛肉夹饼、豆腐干夹萝卜丝、牛华麻辣烫、甜皮鸭、钵钵鸡、乐山烧烤、矿工食堂菜	在旅游景区主要餐饮场所都推出风味饮食系列，以集中化的营销模式扩大影响力
特色工艺品	矿工及民国风情服饰	矿工装、中山装、旗袍、民国学生装、民国风情服饰、文化衫	提供矿工及民国风情服饰出租摄影、购买纪念等系列服务
	小火车工艺品	嘉阳蒸汽小火车铜模、蒸汽小火车系列玩具、托马斯小火车玩具	搜集世界各式小火车造型，形成规模最全、品类最多的小火车玩具系列
	雕刻工艺品	煤雕、桫椤根雕、桫椤盆景	引入雕刻艺术工匠，制成装饰、收藏和艺术精品，注重工艺水平及景区文化特色
旅游纪念品	书籍类	明信片、旅游指南及导游图	关于嘉阳·桫椤湖旅游景区的景点介绍、文化宣传、研究论著
	音像制品	嘉阳·桫椤湖风景光盘、影视集锦	地方特色风景影像再现

2. 商品包装要求

游客来自五湖四海，与旅游景区通常具有一定的距离，因此在选购旅游商品时比较注重旅游商品的体积大小，注重是否精巧牢固、方便携带。旅游商品包装应采用绿色、环保材质。商品标识应符合相关规定，其中食品类产品标识应符合《预包装食品标签通则》（GB 7718—2011）要求；特殊膳食用食品标签应符合《预包装特殊膳食用食品标签》（GB 13432—2013）要求；鞋类产品标识应符合《鞋类产品标识》（QB/T 2673—2013）要求；化妆品、纺织品、玩具标识应符合《消费品使用说明:化妆品通用标签》（GB 5296.3—2008）、《消费品使用说明:纺织品和服装》（GB 5296.4—2012）、《消费品使用说明:玩具》（GB 5296.5—2006）要求；其他暂无国家标准、行业标准规定的商品标识应符合相关法律法规的规定。

4.3 旅游景区购物服务与管理

3. 商品质量要求

旅游商品应符合《商品经营服务质量管理规范》(GB/T 16868—2009) 的规定，商品质量应确保人体健康与安全。食品应符合《中华人民共和国食品卫生法》的规定，严禁销售过期、变质及其他不符合食品卫生规定的食（饮）品。所售商品均应明码标价，无价格欺诈、以次充好、缺斤短两等不诚信行为。

中国旅游商品发展趋势

议一议

本小组所选旅游景区有哪些特色商品？

4.3.3 旅游景区购物场所建设与管理

4.3.3.1 旅游景区购物场所建设

旅游购物场所是指主要为旅游景区游客购物提供服务的场所。旅游购物场所基本要求可概括为：设施齐备、服务规范、安全有序、卫生良好、特色鲜明。购物场所建设时不破坏主要景观，不妨碍游客游览，不与游客抢占道路和观景空间；购物场所建筑造型、色彩、材质与景观环境相协调；布局合理，外部广告标志不过分影响观景效果。

1. 合理布局旅游购物网点

旅游购物网点的选址一般选择在以下几个位置：一是旅游商品购物街，为景区的集中购物区，汇集了景区内丰富的旅游商品类型，西安化觉巷旅游纪念品街如图4-11所示；二是游客流相对集中的地方，比如景区出、入口，可设立旅游购物中心或特色旅游商品专营店；三是在旅游景区游览线路中的休息点设置与景区休闲、游憩设施相结合的旅游购物点。另外，大型旅游景区还可依据《旅游购物场所服务质量要求》(GB/T 26356—2010) 设立旅游购物推荐点和旅游购物示范点。另外，在旅游景区特定的活动区域也可设置旅游购物点，如旅游景区垂钓区可设置垂钓用品购物网点，出售钓鱼竿、鱼饵等商品，嘉阳·桫椤湖景区购物设施规划见表4-7。

图4-11 西安化觉巷旅游纪念品街（自摄）

表 4-7 嘉阳·桫椤湖景区购物设施规划

类　别	开展项目类型	位　置
旅游商品购物中心（街区）	将历史怀旧、养生保健等各类旅游商品集中设置，形成特色商业街，便于集聚市场人气	跃进站、芭沟矿山文化古镇、大马桫椤湖度假村
旅游景区专设商铺	在主要景点设立旅游商品专卖店，可统一专卖店建筑风格，强化商品营销形象	蜜蜂岩、菜籽坝、小火车营地、黄村井、千亩茶园、同兴乡场镇、茉莉香都
居民自营购物场所	在游客相对集中的地点统一规划设置旅游商品销售摊点，风貌与环境相适应	水星寨、胜利水库、天池谷、楦木沱
网上销售	依托大型电商平台，开展线上销售，拓展销售渠道	在淘宝、京东等大型电商平台注册旅游区旅游商品旗舰店

2. 科学规划设计购物建筑

旅游景区内的商业店铺要统一规划，统一布局，做到位置适当、数量合理。购物商铺建筑风格应与旅游景区主题相符，建筑体量、高度与周边环境相协调。建筑的造型、色彩、材质尽量体现当地特色，场所内部装潢要富有艺术感染力，与旅游景区特色相融合；购物点周边宜设置游客休息区或休闲餐饮场所。

嘉阳·桫椤湖景区旅游购物设施布局图

3. 严格保证设施设备安全齐备

接待设施、收银设备安全齐备，环境整洁卫生，温湿度适宜，空气清新。树立安全第一、预防为主的思想，安全设施齐全有效，符合消防规定并取得消防验收，建立完整的检查、维修、保养、更新制度以及建立健全各项安全管理、监督制度及操作规程，并确保严格执行。配套设施完善，并建有无障碍通道。公共厕所、垃圾桶等卫生设施数量充足，分布合理。旅游商品卫生通过相应认证并有认证标识。大型购物区（店）宜提供电子收款机（POS机）刷卡、自助银行取款（ATM）等服务。

4.3.3.2 旅游景区购物场所管理

1. 有效安排旅游购物商店内部环境

购物场所内部环境会直接影响游客的购物消费，因此，其内部卫生环境要整洁干净、空气新鲜，室内照明均匀，光线柔和，亮度适宜；内部设施如招牌、橱窗设计、内部装饰、货架排列与商品展示等布置合理，陈列得当，有吸引力；内部空间布局有利于和游客交流，有供游客游玩休憩的场所，厦门中山街"苏小糖"店铺内部装饰设计如图 4-12 所示。

图 4-12　厦门中山街"苏小糖"店铺内部装饰设计（自摄）

2. 塑造良好的景区购物服务环境

旅游景区管理方对其管理区域内的购物服务，应承担管理或监管的职责。对购物场所进行集中管理，环境整洁，秩序井然，商户亮照经营，可主动向游客介绍富有本旅游景区特色的旅游商品，但不应强迫游客购买或尾随兜售。及时处理游客购物的投诉，加强对旅游景区购物商店的指导和监督。

4.3.4　旅游景区商品经营从业人员管理

旅游景区管理方对其管理区域内的商品经营从业人员有统一管理措施和手段，包括质量管理、价格管理（需明码标价）、计量管理、位置管理、售后服务管理等。应按旅游业质量管理的要求，制定旅游购物场所服务质量管理细则，应具备常设性的接待人员、导游导购，提供问询、团队接待和接受游客投诉等服务，并制定健全的服务流程、工作标准及岗位责任制度。同时，旅游景区购物企业还应该加强对服务人员的培训，提高购物服务人员服务意识、服务水平以及对所销售商品知识的掌握程度，改善服务态度。

购物服务人员需经过岗前培训，具有相应的业务知识和技能，熟悉商品的特性。着工装、佩戴工牌上岗，仪容仪表端庄、大方、整洁。对所有游客，不分种族、民族、国别，一视同仁，尊重客人的道德信仰与风俗习惯，不损害民族尊严。表情自然亲切，用语规范，介绍商品信息翔实无误，能够正确引导游客消费。在基本达到规范化服务的基础上，提倡特色化服务。

> **练一练**
>
> 全班学生分组，4~6人为一组，小组成员自行举荐其他同学分别扮演游客A和嘉阳·桫椤湖景区商品销售接待人员，模拟现场商品销售服务，然后小组成员对全过程进行评估和总结。

第4章 旅游景区商业服务与管理

复习思考

一、单项选择题

1.（　　）更注重高工作效率，不要求过高的服务标准。
   A. 酒店餐厅　　　B. 连锁餐厅　　　C. 团队餐饮服务　　　D. 散客餐饮服务

2.《旅游景区质量等级的划分与评定》（GB/T 17775—2003）中要求3A级及以上旅游景区宜具有营地、民宿、酒店等不少于（　　）项住宿接待功能。
   A. 1　　　B. 2　　　C. 3　　　D. 4

3. 青年旅舍属于（　　）类型的住宿服务设施。
   A. 标准酒店　　　B. 经济旅店　　　C. 民居客栈　　　D. 景区特色住宿

4. 如果旅游景区商品品种丰富而有特色，购物环境好，游客也会因为即时的兴趣而产生购物行为，体现了旅游景区购物行为的（　　）。
   A. 仓促性　　　B. 随意性　　　C. 从众性　　　D. 即时性

5. 具有地方特色的农副产品、药材等属于（　　）。
   A. 工艺美术品　　　　　　　　B. 文物古玩及其仿（复）制品
   C. 土特产品　　　　　　　　　D. 特质旅游纪念品

二、多项选择题

1. 旅游景区餐饮服务的类型包括（　　）。
   A. 酒店餐厅　　　B. 连锁餐厅　　　C. 团队餐饮服务　　　D. 散客餐饮服务

2. 旅游餐馆从低到高依次划分为（　　）等级。
   A. 铁盆级　　　B. 铜盘级　　　C. 银盘级　　　D. 金盘级

3. 旅游景区游客的购物心理包括（　　）。
   A. 求实用　　　B. 求审美　　　C. 求新异　　　D. 求知识
   E. 求纪念

4. 商品销售技巧包括（　　）。
   A. 最佳时机接触游客　　　　　B. 把握游客购物心理
   C. 准确推荐展示商品　　　　　D. 热情细致介绍商品

5. 旅游景区的住宿类型主要包括（　　）。
   A. 标准酒店类　　　B. 经济旅店类　　　C. 民居客栈类　　　D. 景区特色住宿类
   E. 露营式住宿类

三、判断题

1. 收银服务不属于景区餐饮服务的工作流程。（　　）
2. 餐饮女服务人员须化淡妆，不留长指甲，不涂有色指甲油；男服务人员不得留小

胡子。（　　）

3. 金盘级要求菜单制作美观大方，每道菜品应标明主、配料的数量、规格，明码标价。（　　）

4. 旅游商品的购买者一定是游客。（　　）

5. 针对老年人，要根据他们保守、固执的心理特点推荐一些物美价廉的旅游商品。（　　）

四、简答题

1. 旅游商品的概念及特点是什么？
2. 我们应该如何进行菜单设计？
3. 旅游景区住宿管理主要包括哪些内容？

第 5 章

旅游景区特色文化管理

学习目标

※ 知识目标

1. 了解旅游景区文化包含的内容,熟悉旅游景区文化主题挖掘策略。
2. 了解旅游景区文化展示存在的问题;掌握旅游景区文化展示的方法和展示设计应用元素及技术。
3. 了解旅游景区文化体验,了解旅游景区节事活动目前存在的问题,掌握旅游景区节事活动、演艺项目及科普教育活动的开发与管理。

※ 能力目标

1. 能够针对旅游景区提出景区文化打造的具体建议。
2. 能够对旅游景区文化进行展示设计。
3. 能够针对旅游景区的节事活动、演艺项目及科普教育活动提出具体实施策略。

内容框架

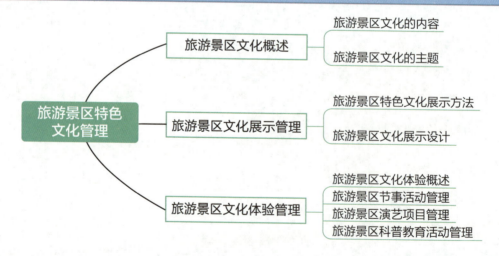

案例导入

2016年,国家旅游局掀史上最严旅游景区"整肃风",全国大范围旅游景区被整治。在旅游景区问题频现的情况下,国家相关部门针对市场乱象,出台《旅游景区质量等级的划分与评定》第三版(尚未正式发布)。国家对于A级景区的创建与评定在内容上的变化之一就是突出特色文化。

中国目前县级以上旅游景区景点接近3万个，旅游景区产品缺乏独特性、参与性，过于雷同，且同质化严重，游客游玩体验不足成为普遍现象。另外，中国旅游在逐渐从观光游向休闲游转变的过程中，游客对于旅游景区的观赏性要求也不断提高，对于旅游景区文化性方面的需求也日益增强。

第三版《旅游景区质量等级的划分与评定》在评定细则二中把特色文化单独列为一个大项，内容构成包括文化主题性、文化内涵挖掘、文化展示、文化体验四个部分，总分值为70分，目的是引导旅游景区更加重视文化建设，将旅游景区所在地的特色文化融入旅游产品中，切实把培育文化主题、提升文化内涵、丰富文化活动作为旅游景区转型升级、提质增效的重要任务来抓。

5.1 旅游景区文化概述

文化是旅游景区的带动者，旅游景区是文化的传承者，文化与旅游的融合不只是战略，更是趋势。在文旅结合的过程中，文化是灵魂，旅游是载体。旅游是文化的一种表现形式，而文化的内涵与品质，又决定着旅游的知名度、美誉度。旅游景区设计中大量文化的使用，既是对文化的沿承又是对文化的保护，以别样的方式来展现文化的命脉，继承文化的精髓，让游客在游览景区时能够感受不同的文化氛围，达到追昔抚今的效果。另外，文化植入旅游景区，能够使其保持长久的生命力，能够改善对景观的塑造，提升景观的文化内涵。但作为千年文明古国，我国文化遗产众多、古迹古镇遍地，不仅儒家、道家、佛教文化交相辉映，不少区域性文化也独具特色看点，如何把文化"变现"，这将是未来文旅融合过程中的瓶颈。

5.1.1 旅游景区文化的内容

一般来说，旅游景区的类型不同所包含的文化内容侧重点也不同。旅游景区文化的内容通常包括山水文化、园林文化、建筑文化、区域民俗文化、宗教文化、饮食文化等。

1. 山水文化

在我国旅游景区中，山水文化极其丰富，奇美和谐的山水景观为人们的生活增添了别样的生趣。人类的参与使得山水有了文化的气息，从先秦时期开始人们就已领悟到自然之美了，而真正意义上的山水文化是从文人墨客的漫游开始的，寄情山水、欣赏山水，文人雅士的参与使山水具有了浓厚的文化底蕴，更出现了"采菊东篱下，悠然见南山"的境界。山水

第5章 旅游景区特色文化管理

文化向来注重"天人合一""情景合一",把情景交融作为视觉传达之美,渴望人与自然的和谐共处与融合。山水文化在现在的旅游景区中的运用是尊重其原生态,以完全不同的视觉感受来体会自然的奥秘,显示自然山水的真谛,嘉阳·桫椤湖景区自然山水,如图5-1所示。游客在选择山水文化时多数更加在意景区所处区域以及山水带来的精神与物质方面的满意度。

图5-1 嘉阳·桫椤湖景区自然山水

2. 园林文化

中国的古典园林是"以自然审美为主题的,艺术的,有游憩、观赏、娱乐功能的生态境域",浸透着深厚的中国文化内蕴,丰富多样的园林手法,展现出了别样的意境与情调,达到了"虽有人作,宛自天开"的崇高境界。从早期的"苑""囿"到后期的皇家园林,使得"移天缩地"的自然景观"搬"进庭院,建筑、观赏花卉和树木的栽培技术、叠石技艺的水平得到了很好的发展,形成了现代景观的雏形。现代多数旅游景区通常都会运用园林的手法,在自然山水基础上进行加工改造或是人工开凿兴建,通过树木花草的配置,结合植物与建筑物的布局,创造出一个供游客观赏、游憩、居住的环境,呈现出一种"隐现无穷之态,招摇不尽之春"的美好空间景象。

3. 建筑文化

建筑是文化的载体,具有浓厚的文化底蕴和观赏价值,文化的传承很多是依附于建筑的发展,除了传统的民居建筑、宗教、陵墓旅游景区外,其余的旅游景区都会有建筑文化的存在,不同的建筑造型,空间形态呈现的不仅是文化的沿承,更是建筑产生的独特而强烈的视觉效果和艺术感染力。建筑文化有着丰富的多样性,由于区域不同,环境气候不同,历史文化不同,呈现的建筑风格也不同。通过房屋的结构变化,装饰的丰富多彩,区域的风格变换,独特的建筑格局,错落有致的屋宇,都让人耳目一新,遐想无穷,带来别样的视觉感受。在旅游景区,无论是传统的居住房屋还是景观中的亭台阁榭,无论是本土建筑还是国外建筑,都可以运用丰富的建筑组群、多样化的屋顶、对比强烈的建筑色彩、不同式样和尺度,结合各种图案样式营造出与环境相适宜的建筑体,使整个旅游景区充满层次感,给游客带来强烈的视觉冲击,使他们在沿承文化的同时更能感受到文化的熏陶,嘉阳·桫椤湖景区小火车站点建筑风格规划如图5-2所示。

图 5-2 嘉阳·桫椤湖景区小火车站点建筑风格规划

4. 区域民俗文化

旅游观光不仅是欣赏风光,更多的是感受民俗风情、体现区域特色。我国古代就有"五里不同风,十里不同俗"之说,区域性文化在旅游中的体现更是反映了区域范围内承袭的精神文化,即在特定的人群中代代沿袭,经过耳濡目染、潜移默化的内在过程沉淀的显意识和潜意识底层文化。旅游景区在设计中,为了吸引游客,带动产业发展,传承历史文脉,充分挖掘大量的民俗或区域文化,贯穿各个旅游景区的设计,可以使旅游景区呈现不同的特点。

5. 宗教文化

宗教是早期人们精神寄托的一种物化的表现,是人类历史上一种古老而又复杂的社会现象,是一种无形的思想意识形态。宗教建筑大多建在风景秀丽的名山之中,这无形之中就表现出了宗教的本意,即远离世俗,净化心灵,以一种旁观的心态看世间风起云涌。在现代旅游景区中,宗教文化占据着很重要的位置,人们在欣赏山川美景之时更要敬拜神灵来祈求神灵的庇护,诉说心中的愿望,期待愿望能得到实现,脱离现在的困境。

6. 饮食文化

由于我国幅员辽阔,不同的环境、地域、习俗造就了不同的饮食习惯,在饮食口味的变化上也产生了不同的风味。食物的颜色、味道、形状、配备、器皿都要相互协调,相互依存,这样才可以使食品发生"口弗能言,志弗能喻"的"精妙微纤"的味觉变化体验,饮食文化也应运而生。旅游景区中饮食文化的运用应该因景、因情而异。旅游景区在饮食文化方面的打造多是以介入、融合、深化的方式呈现,每个旅游景区都有自己的文化主题,而且是根据当时的文化场景进行景观设置的,以恢复原生景观氛围。为了展示当地饮食文化,大多数旅游景区会建立一条小吃街,根据主题风格建设特色建筑,配置烘托意境的景观，添加有时代元素的图像、文字、雕塑等景观小品，通过各样的烹饪形式展现多样的饮食文化。

想一想

旅游景区中的文化还包括哪些内容呢？

5.1.2 旅游景区文化的主题

主题是旅游景区整体宣传与打造的核心，景区文化的主题性主要体现在主题的辨识度和主题的融合度方面。一个鲜明的主题更能形成视觉的聚集，更能形成文化的传播。鲜明的主题能对游客产生吸引力，其实也就是一个展现旅游景区精神面貌的招牌。主题的融合度即主题文化贯穿于旅游活动的程度。一个能深入人心的旅游景区在文化活动的打造方面也同样扣人心弦，引人入胜。

5.1.2.1 旅游景区文化主题的挖掘过程

旅游景区文化主题的挖掘过程如图 5-3 所示。

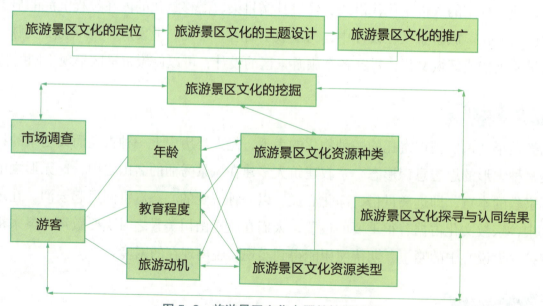

图 5-3 旅游景区文化主题的挖掘过程

5.1.2.2 旅游景区文化主题的挖掘方法

1. 从不同角度挖掘旅游景区文化

通常情况下，旅游资源因其原有的价值属性不同而具有不同的功能，在展现其原有价值的同时还要挖掘其社会文化、民俗文化、艺术文化、居住文化、政治文化、军事文化、习俗文化等方面的文化内涵，让游客更深入地了解文化内涵的深浅、艺术水平的高低、社会环境的好坏。

2. 以多种体验形式展示旅游景区文化

旅游产品文化内涵除了运用传统的书籍、图片、实物等静态的展示外，还可以结合当前游客参与性的需求融入动态的展示。最容易进行动态展示的文化内涵即非物质文化，非物质文化中的表演艺术、社会风俗、礼仪与节庆、口头传统和表达等方面也可以成为旅游景区文化打造的噱头，可以以不同的方式融入动态展示，西安街头传统文化蜡像展示如图5-4所示。因此，在文化的打造中，只要敢于创新，敢于思考，就能创造出别样的体验方式，这样不但是对文化的很好展示与延续，同时也能满足游客"求新""求异"的心理需求。

图 5-4　西安街头传统文化蜡像展示

3. 提供多种层次的需求供给

游客的想法各不相同，那么旅游景区在文化产品的满足方面更应该有一定的划分标准，这不但是对区域物质文化的要求，更是对区域精神文化的要求。低层次的供给——吃穿住行是不可缺少的，但更重要的是要注重区域饮食文化、服饰文化、风俗文化。这种文化层次的需求只需要让游客在消费中获取浅层次的文化感知。中层次的文化供给不仅仅是物质的浅显满足，更多的是文化的内在追求，了解文化的来源以及文化与自身所产生的联系，需求的不但是文化的感知，更多的是心灵的互动、情感的反应。高层次的供给注重的是心理与情感的交流，是希望从旅游景区中得到心理的冲击，情感的撞击，能够唤醒时代的回忆，个人意志与心理最为真实的、深层次的情感反应。例如，嘉阳·桫椤湖景区内规划在焦坝设置以小火车体验为主题的文化体验公园（图5-5），就根据不同需求层次设置了蒸汽小火车博物馆、小火车检修车间、小火车主题露营地，打造集蒸汽小火车观光、迷你小火车体验、小火车检修展示体验、托马斯火车玩具会展、小火车主题餐厅于一体的、集中展示的小火车营地。

第5章 旅游景区特色文化管理

图 5-5　嘉阳·犍为湖景区小火车文化主题体验公园规划

练一练

全班学生分组，4~6 人为一组，小组成员各自分析所选旅游景区的文化要素，提炼旅游景区特色主题文化，提出特色主题文化打造策略，并写出报告。

5.2　旅游景区文化展示管理

在旅游景区文化方面，常常通过建筑外观、场景布置、活动展示、业态再现等多种方式，以充分展示景区丰富的文化特征。文化展示将成为铸造景区风格、体现地方精神的至关重要的因素。通过文化展示，旅游景区形成了有序的文化空间格局，重视对旅游景区主题文化的充分展示和对地方特色文化、民俗文化的挖掘，让文化成为这些空间流淌的"血液"，注入旅游场所、旅游产品、旅游服务和旅游体验中，让游客感知和体验景区的文化特色、变化和包容等文化特征，形成旅游景区独特的有吸引力的文化形象。这样不仅能让文化融入带动其他产业发展，形成新业态、新产品和新市场，进而形成新的产业增长点，促进旅游产业的转型升级，带动旅游市场的发展；也能增强居民对当地文化的自豪感，使民族文化得到保护与传承。

5.2.1 旅游景区特色文化展示方法

拥有特色文化财富并不等于自然而然就能够带来经济效应。由于旅游景区文化展示系统是一个综合的、动态的系统，因此需要通过多种展示方式，从不同层次上展示景区文化。例如，从展示手段划分，文化展示场所可以有文化场馆（博物馆、博览会、主题馆、美术馆）、文化展、主题公园、旅游景区景点、节庆、表演、居民生活场景、产业园（文化产业、高新技术产业、农业生态园）、文化街区（商业街区和历史文化街区）、旅游设施（餐饮、住宿、交通、导游解说系统）等。此外，还有网络的虚拟展示、文学作品等。下面是从多种角度对文化展示方法进行的细分：

1. 根据运用的展示媒介划分

根据运用的展示媒介，特色文化展示主要有文化实物展示、文化生态展示、文字图片展示、视听影像展示等。文化实物展示是指借助文物古迹或陈列生活工艺品等民俗用品来展示的一种方法，展览馆、博物馆等实物陈列方式是文化实物展示的主要组织形式，嘉阳·桫椤湖景区小火车检修车间（第一台机床）如图5-6所示。文化生态展示是指借助自然景观和民俗生活来展示特色文化的一种方法，景点、民俗节庆和民族文化生态村是文化生态展示的主要组织形式。文字图片展示是指借助文字叙述和摄影图片等表达方式来展示特色文化的一种方法，新闻报道、摄影图册、文学作品、宣传手册等纸质印刷品是文字图片展示的主要组织形式，嘉阳·桫椤湖景区小火车摄影作品如图5-7所示。视听影像展示是指通过构建视听兼备的虚拟影像来展示特色文化的一种方法，专题宣传片、纪录片、故事片等影视作品是视听影像展示的主要组织形式。

图5-6　嘉阳·桫椤湖景区小火车检修车间（第一台机床）

图5-7　嘉阳·桫椤湖景区小火车摄影作品

知识拓展

博物馆的分类

博物馆是征集、典藏、陈列和研究代表自然和人类文化遗产的实物的场所，并对那些有科学性、历史性或者艺术价值的物品进行分类，为公众提供知识、教育和欣赏的文化教育的机构、建筑物、地点或者社会公共机构。

第5章 旅游景区特色文化管理

> 其一般划分为艺术博物馆、历史博物馆、科学博物馆和特殊博物馆四类。
>
> 艺术博物馆包括绘画、雕刻、装饰艺术、实用艺术和工业艺术博物馆。也有把古物、民俗和原始艺术的博物馆包括进去的。有些艺术馆，还展示现代艺术，如电影、戏剧和音乐等。世界著名的艺术博物馆有卢浮宫博物馆、大都会艺术博物馆、艾尔米塔什博物馆等。
>
> 历史博物馆包括国家历史、文化历史的博物馆，在考古遗址、历史名胜或古战场上修建起来的博物馆也属于这一类。墨西哥国立人类学博物馆、秘鲁国立人类考古学博物馆是著名的历史类博物馆。
>
> 科学博物馆包括自然历史博物馆。内容涉及天体、植物、动物、矿物、自然科学，实用科学和技术科学的博物馆也属于这一类。英国自然历史博物馆、美国自然历史博物馆、巴黎发现宫等都属此类。
>
> 特殊博物馆包括露天博物馆、儿童博物馆、乡土博物馆，后者的内容涉及这个地区的自然、历史和艺术。著名的有布鲁克林儿童博物馆、斯坎森露天博物馆等。
>
> （资料来源：郑奕《多媒体技术在博物馆展示中的应用及规划要求》）

2. 根据特色文化与现实生活的关系划分

根据特色文化与现实生活的关系，特色文化展示可以分纪实展示方法与虚拟展示方法。文化实物展示和文化生态展示是纪实性的，这两种展示方法所运用的展示物不需要太多的加工，可以将生活中的民俗物品直接拿过来作为展示物来陈列，或者是让游客直接进入原生态的民俗生活中亲身体验。在这两种展示方法中，生活就是展示，展示也就是生活，游客通过零距离接触，亲眼看到特色文化的具体物象，因而能够深刻理解特色文化的内在本质，嘉阳·桫椤湖景区黄村井矿工蜡像井下作业模拟展示如图5-8所示。文字图片展示和视听影像展示是虚拟性的，其文字作品与视听影像都是根据需要构建出来的，在接受过程中游客或许会对特色文化与现实生活的关系存在着质疑的心理，有一层心理上的隔膜，例如，可能会质疑展示的特色文化是否保持了现实生活的原生形态，是否是一种历史真实的物象还原。毕竟文字图片展示和视听影像展示都是经过艺术加工的，其中渗入了创作者的选择倾向，因此，虚拟展示方法要逊色于纪实展示方法，这是由纪实展示方法具有历史物证的特点所决定的，其展示效果具有较强的信服力、可信度和心灵渗透力。

图5-8 嘉阳·桫椤湖景区黄村井矿工蜡像井下作业模拟展示

3. 根据特色文化与展示对象的关系划分

根据特色文化与展示对象的关系，特色文化展示方法可以分为被动展示方法与主动展示方法。文化实物展示和文化生态展示要求人们必须亲临展示现场，走进陈列室、展览馆、博物馆等展示场所，身临其境，亲身感受，因此是一种被动的展示。文字图片展示和视听影像展示不需要人们亲自到达现场，能够脱离特色文化的时空处所进行展示，因此是一种主动性的展示。不受场所限制，更加方便人们接受。同时，由于文字图片展示和视听影像展示都不是现实生活的原生态，而是现实生活的零碎反映，观看者需要借助自己的想象来填补图片和影像之外的生活空间与意义空间，需要借助自己的想象将这些零碎的文化物象联系起来构成一个文化整体，只有这样，文字图片展示和视听影像展示这两种展示方法所展示的特色文化才能够转化为观看者的文化体验，因而主动展示具有接受想象性、视觉冲击力和传播范围广的效果。

4. 根据特色文化的作用划分

根据特色文化展示的作用来看，特色文化展示方法可以分为建设型展示方法与营销型展示方法。作为文化旅游产业的有机组成部分，特色文化展示既可以服务于旅游景点建设，也可以服务于旅游景点的营销宣传。建设型展示方法侧重于景点建设，营销型展示方法侧重于景点营销，这两种方法共同作用于文化旅游产业链，成为文化旅游产业发展的巨大推动力。文化实物展示和文化生态展示通常用于文化旅游景点建设，如大理崇圣寺三塔景点就不仅展示大理白族文化的象征——崇圣寺三塔，还将在千寻塔内发现的写经、经卷、铜镜，以及金、银、木、水晶佛像等出土文物集中起来放入建设好的三塔博物馆，提升大理崇圣寺三塔景点的历史文化价值内涵。文字图片展示和视听影像展示通常用于文化旅游景点的营销宣传，如一年一度的茉莉花文化节已成为犍为文旅发展中一张响亮的名片，通过诗歌征文、摄影作品展、寻找"茉莉花仙子"等主题活动的举办，吸引省内外游客广泛关注，犍为县茉莉花文化节——寻找"茉莉花仙子"活动如图5-9所示。

图5-9　犍为县茉莉花文化节——寻找"茉莉花仙子"活动

> **议一议**
> 目前，嘉阳·桫椤湖景区运用了哪些文化展示方法？

5.2.2 旅游景区文化展示设计

5.2.2.1 旅游景区特色文化元素的应用

物质文化、非物质文化的表达是通过各种文化元素的应用设计来展示的，例如文字、图案、材料、色彩等。

1. 文字

文字本身就具有很强的比拟性和可分辨性，文字在旅游景区文化上的大量运用，成为人们对传统历史文化和民族风土人情怀念的一种特殊的表达方式。它不仅能够充分展现区域风情，更能彰显民族文化的强盛，而且能以强烈的视觉冲击力展现旅游景区文化的独特性，让游客在看到文字的同时也能感受时代文明的进步。丽江千古情大剧院及文字说明如图 5-10 所示。

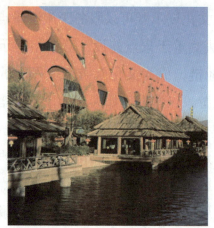

丽江千古情大剧院高 25 m、周长 500 m，外形设计从丽江千古情演绎的爱情故事和纳西文字中吸取灵感，整个建筑用大红色作为主基调，在蓝天白云之间，显得格外醒目。剧院的外形建筑符号用纳西象形文字，表达了一对相连的男女在太阳和月亮的注视下，在大自然中相爱、歌唱和舞蹈，是富有东巴特色的文化主题剧院。

图 5-10　丽江千古情大剧院及文字说明

2. 图案

图案元素大都有着很强的时代性，它展现着不同时代、不同地域的文化背景和原始信仰，运用不同的图案可以表达不同的想法和情感。在旅游景区设计中，把不同的传统、特色图案运用到各个领域，无论是道路铺装上的几何纹还是建筑装饰上的吉祥纹，都透露出文化的多样性与多变性，在充分展示特色文化的同时也给旅游景区的活动增添了别样的生趣。

> **知识拓展**
>
> **花街铺地，步履之下的园林艺术**
>
> 当你漫步在中国传统园林中时，是否留意过在脚下也有一片美丽的天地？那些在路面上的图案，实际也是园主人的精心构思。这些美景名为花街铺地（图 5-11）。铺地不仅具有装饰效果，还有防滑、净化地面的功用。匠人在造园时充分发挥了智慧和想象力，创造出变幻无穷的铺地图案，并在这些图案中寄托着丰富的思想与情感。我国古代建筑和住宅的装饰不但讲求实用性，还非常讲究美观与其富含的吉祥寓意，铺地吉祥图案即是这类吉祥装饰图案中的一种。吉祥纹饰铺地的图案

内容主要有：寿字纹、万字纹、蝠纹，或是五蝠捧寿、暗八仙等。我国古典园林追求的是自然山水与自然界的花草树木之美，所以铺地中使用植物图案，与整个园林的景观、意境更为协调、相应，为园林更添自然意趣。植物图案中，多使用海棠、荷花、牡丹等具有丰厚文化韵味的植物。

图5-11　花街铺地

3. 材料

人们常说"因地制宜，因宜制景"，在旅游景区设计中，设计师会根据不同的区域和不同的民族风情，运用不同的材料来展现独特的文化氛围，如浙江省磐安县乌石村（图5-12）对火山黑石的运用，让游客身临其中不但能感受到区域风情的独特，更能感受到人类智慧结晶的伟大。

图5-12　浙江省磐安县乌石村

4. 色彩

鲜明的特色既让人们身陷其中感受不同的风俗文化浓浓的区域风情，也体现出旅游景区鲜明的个性化。从古至今，色彩以其独特的方式蔓延着，人们对色彩文化也越来越重视，在现在的旅游景区设计中，色彩表达是其中的一个亮点。人们运用强烈对比的色彩来呈现特有的文化内涵，以多样的色彩组合形成视觉的冲击力，通过色彩的差异进行文化的营造，台湾彩虹村如图5-13所示。众所周知，不同的色彩会营造出不同的环境氛围，同样，不同色彩的相互搭配也会呈现出不同的文化氛围，成就不同的区域文化。在大量的旅游景观设计中，人们把传统色彩根据阴阳五行理解成五方色的概念，将色彩的表现形式运用到旅游景区设计中，并与传统文化、时代发展相互串联交互，使它们不仅有区域特征更具有时代特征。

第5章 旅游景区特色文化管理

图 5-13　台湾彩虹村

5.2.2.2　旅游景区文化展示设计应用技术

1. 地理信息系统

地理信息系统（GIS）是以地理空间数据库为基础，在计算机软件和硬件的支持下，对空间相关数据进行采集、输入、管理、编辑、查询、分析、模拟和显示，采用空间模型分析方法，适时提供多种空间和动态信息，从而为地理研究和决策服务，建立起计算机技术系统。利用地理信息系统的数据存储、处理和管理功能可以为景区文化展示提供基础数据库支持；利用其空间分析功能可以分析最佳展示区域、展示线路，利用网络分析功能设置文化展示项目空间布局等；利用其制图功能，绘制各种图像，模拟展示效果。

旅游景区文化展示设计趋势

2. 虚拟现实

虚拟现实（VR）又称灵境技术，是以沉浸性、交互性和构想性为基本特征的计算机高级人机界面。它综合利用了计算机图形学、仿真技术、多媒体技术、人工智能技术、计算机网络技术、并行处理技术和多传感器技术，模拟人的视觉、听觉、触觉等感觉器官功能，使人能够沉浸在计算机生成的模拟境界中，并能通过语言、手势等自然的方式与之进行实时交互，创建了一种适人化的多维信息空间。使用者不仅能通过虚拟现实系统感受到在客观物理世界中所经历的"身临其境"的逼真性，而且能够突破空间、时间以及其他客观限制，感受到在真实世界中无法亲身经历的体验。

利用虚拟现实技术可以对拟建设的文化展示项目进行合理的设计，不需要真正实施方案，可以先利用虚拟现实技术对要创建的展示项目进行系统建模，生成相应的虚拟现实系统，检验展示效果，并可以反复修改和辅助最终方案的制定实施。利用虚拟现实系统进行旅游景区文化的展示，可以让游客通过亲身观察和体验来更加深刻地理解景区文化。

3. 多媒体技术

多媒体技术（IMT）的应用范围已相当广泛，例如，历史博物馆、科技馆、自然博

5.2 旅游景区文化展示管理

馆、纪念馆、遗址公园、艺术馆、水族馆、动物园以及游客中心等主题内容阐释机构的展示设计，营造了全新的观众参观体验。在景区展示中应用的多媒体技术大致有音频技术、影像技术、场景合成技术、触摸屏技术、视屏技术及网络技术等。它们共同搭建了旅游景区面向游客的展示媒体技术平台，具体形式包括图片、影视、音响、互动体验设计、触摸屏信息传播、音效环境、舞台灯光效果，多功能剧院、无线手持式互动装置（PDA）、互动游戏、导览系统、远程互动教育和博物馆网络等，四川省科技馆多媒体技术展示如图5-14所示。它们在旅游景区文化展示中能够发挥强大作用：利用多媒体音效技术为展览注入活力；利用触摸屏技术有效传递展示内容；利用多媒体影片讲述故事；利用多媒体互动游戏增强观众的学习体验；利用手持式互动装置为观众导览；社会媒体技术的运用主要实现了观众间的社会互动；网站是博物馆为公众提供公允学习机会的良好平台。合理巧妙地运用多媒体技术，往往起到事半功倍、画龙点睛的作用，能够强化展览信息的传播，增强展览的表现力度。

图5-14　四川省科技馆多媒体技术展示

4. 其他高科技手段

科技日新月异，随着时代的发展，更多高科技展示手段将不断涌现。例如，利用声光电等高科技塑造夜景观和动态演艺景观，打造视听新感觉。著名的有柳江十里画廊夜景观、桂林"两江四湖"夜景观，"印象"系列大型实景演出等。利用三维动画影视手段将大场面内容直观地体现出来，如通过工作人员操作，来展现建筑群、城市、河流形成的过程与变迁。不仅可以节省很大的空间，而且能够在较短的时间内让游客得到最直观的体验，可以更好地展现旅游景区的各种文化。

> **练一练**
>
> 全班学生分组，4~6人为一组，小组成员从展示方法、展示文化元素提炼及展示设计、展示技术等角度对所选旅游景区进行特色文化展示。

5.3 旅游景区文化体验管理

5.3.1 旅游景区文化体验概述

从产生旅游动机开始，文化与旅游活动就如影随形。文化动机是游客动机之一，并且越来越突出。体验是旅游现象的核心，游客的文化体验行为是旅游活动的重要内容，并始终贯穿整个旅游过程。

依据《旅游景区质量等级的划分与评定》（第三版）细则二：《资源品质与市场影响评分细则》，文化体验主要侧重考量景区文化节事活动、文化演艺活动及科普教育活动的数量与效果，故下面主要从这三个方面探讨旅游景区文化体验的开发与管理。

5.3.2 旅游景区节事活动管理

5.3.2.1 旅游景区节事活动的概念

西方学者在事件及事件旅游的研究中，常常把节日（Festival）和特殊事件（Special Event）合在一起作为一个整体来进行探讨，英文简称为 FSE（Festival & Special Event），中文译为"节日和特殊事件"，简称"节事"。

节事活动包括的内容非常广泛，除了通常所说的节庆活动外，还包括文艺娱乐、商贸及会展、体育赛事、教育科学事件、休闲事件、政治/政府事件、私人事件等一些特殊事件。

纵观目前旅游景区节事活动的策划，还存在着很多问题，如节事活动主题特色不鲜明、时间过于集中；计划性不强，缺乏精心的策划设计；市场化运作程度低；宣传方式方法不当；宣传与销售脱节等。因此，在景区节事活动的开发与管理中，要尽量避免以上问题。

5.3.2.2 旅游景区节事活动

1. 节事活动主题的确定

策划节事活动之前，首先要确定节事活动的主题。节事活动主题的确定，首先要考虑的是景区的资源状况，充分挖掘资源潜力；其次要考虑市场需求状况，仔细分析旅游需求特点。结合以上两点，在旅游景区的现有卖点、特色点，或者准备下一步重点开发的潜在卖点与市场需求之间寻找结合点，进行创

中华优秀节庆推荐

意提炼。节事活动主题的创意提炼必须以对景区资源现状的把握和市场现状的分析为基础,集思广益,切忌任意做出决策。例如,针对绵竹年画村就可总体围绕年画主题,结合乡村旅游、地方传统文化、新业态等进行四季节事活动的创意设计,具体见表5-1。

表5-1 绵竹年画村四季节事活动创意设计

季节	节庆	说明	举例
春季	年画村乡村旅游节	依托年画村特有的乡村景观,结合川酒文化、川菜美食文化、乡村民俗文化等可适时推出年画村乡村旅游节	节日内容可以乡村农事体验、主题美食品鉴、农业观光摄影、单车骑行赛等活动为主
夏季	年画村年画人物秀	以展示秀为主。除以传统展览的静态展示外,还可增加动态展示项目	如结合中国情人节——七夕节开展年画人物秀,利用好情人节效应,针对情侣推出系列参与活动。如年画人物模仿秀、年画艺人现场作画、最佳情侣照片选等
秋季	年画戏曲故事节	将德孝文化、三国文化、三星堆文化以及年画故事相互嫁接,选取题材中所包含的传说、精彩故事,编制成题材各异、形式多样的动人故事或戏曲,以动画片、电视剧、纪录片、川剧、木偶戏、年画手游、儿歌、小说、电影、话剧等形式在戏曲节中表现出来	例如,借势电影《小门神》,顺势打造其他年画故事系列电影并开发周边产品。利用近年来文化类纪录片的火爆势头,尽快制作高品质年画纪录片等
冬季	新春年画节	扩大新春巡游展影响,现有活动(如主题灯会、油纸伞节等)应该持续开展,并更加丰富化、多元化、品质化	举办县、省或全国范围内的"绵竹年画比赛",评出优秀作品,推出"年画大师";利用过年期间置办年货的契机,举办年画创意商品展,邀请年画传承人现场展示及年画作坊、企业进行商品展示推介,商业洽谈等活动

(资料来源:侯琳《基于文化创意视角的绵竹年画村文创旅游产品设计探讨》)

2. 节事活动举办时间的选择

各旅游景区的旅游资源不尽相同,人文自然、四季景色各有千秋,在本旅游景区最具有竞争力的时候推出节事活动,对充分打造景区的旅游品牌形象的作用无疑是最好的。同样,如果需要培育旅游景区新的旅游增长点,也可以依托要培育的旅游景点为基础,在其最具有吸引力的时候推出节事活动。另外为了平衡景区供给与需求不足,也可策划组织相关的民俗、娱乐等活动。在"五一""十一"等节假日推出节事活动,由于市场需求旺盛,效果比较明显。但在此期间举行的节事活动往往只能起到锦上添花的作用,况且如果各旅游景区的节事活动都只紧紧抓住节假日不放,势必会造成市场注意力的分散,影响节事活动对塑造、传播景区旅游形象应有的作用。

3. 节事活动内容的设计

节事活动内容的设计包括两个层面：一是旅游层面的活动内容；二是和旅游相关的经济商贸活动。旅游层面的活动内容是最基本，也是最核心的，对某些景区而言，节事活动的内容还会涉及景区所在地的经济贸易等相关内容。节事活动的主题确定以后，围绕主题进行嫁接、联想、转换、延伸、扩展、丰富，以此来设计相关活动内容。活动内容要有 1~2 个比较大的亮点，再结合一些小的比较常见的活动内容，但切忌活动内容的设计过于庞杂，造成景区形象的模糊。绵竹年画节系列活动如图 5-15 所示。

图 5-15 绵竹年画节系列活动

4. 节事活动的宣传

旅游景区举办节事活动是手段，不是目的。举办节事活动最终是为了提高景区知名度，带来客源。如果旅游景区在节事活动内容上肯花钱，而在宣传方面舍不得投入或者投入不够，那无疑就等于关起门来自己热闹，只是为活动而活动，背离了举办节事活动的目的。节事活动信息对外传播的唯一途径就是宣传。宣传主要包括新闻发布会、信函、传真、广告、新闻等方面。节事活动的宣传要选准宣传点（亮点、新闻点、强调点），找准宣传对象（旅游记者、旅行社、游客），运用各种宣传方式，从不同角度进行强化。绵竹年画节宣传方式如图 5-16 所示。

图 5-16 绵竹年画节宣传方式

5. 节事活动的销售

节事活动的最直接目的就是增加游客量，因此节事活动的举办、活动的宣传和活动的销售必须紧密结合起来才能达到最佳效果。在设计节事活动的内容的同时还要有针对性地设计一些相关主题旅游线路，并将活动内容、主题线路、优惠措施等相关信息及时通告给各旅行社。如果旅行社能在活动举办前后推行相关的主题线路，必然能对节事活动的宣传以及景区本身的宣传和销售起到非常好的效果。

6. 节事活动控制与保障

节事活动基本内容确定后，还应该非常重视实施方案的操作设计。创意再好的节事活动，若是缺乏具体指导性和可衡量性的操作设计，在实施过程中可能出现很多问题，可能会违背节事活动的初衷或者没有达到应有的效果，还会出现严重超出预算的情况。因此，在节事活动举办前召开协调会，对所有参与活动组织实施的工作人员进行培训，使其深入理解节事活动每个环节的策划意图，并严格按照规范程序实施。另外，交通、食宿、安全、水电保障等各方面的问题也应该在节事活动中予以足够的重视，避免因考虑不周而导致意外事故发生。

5.3.3 旅游景区演艺项目管理

5.3.3.1 概念

旅游景区演艺项目是在旅游景区内开展的、以旅游演艺活动为主体、基于旅游演艺活动而进行的项目策划、空间布局、设施建设和公共服务等各项规划建设内容的综合体。

旅游景区演艺项目的特点

5.3.3.2 旅游景区演艺项目

1. 旅游景区演艺项目的主题定位

（1）挖掘地域文化内涵。

为旅游演艺确定一个深刻隽永的主题，需要挖掘地域文化，体现独特内涵。不同地区的山水品格塑造出不同韵味的文化。旅游演艺项目的主题需要在旅游目的地的文化中开发，旅游目的地中可开发的主题包罗万象，包括宗教、科学、教育机构、贸易中心、考古遗址、现代艺术、民俗风情等。

（2）把握市场需求。

把握市场需求进行主题定位。旅游景区的旅游产品特征各异，游客对旅游产品的需求也是各异的，要对市场进行深入调查，确定旅游区面对的受众，根据他们的旅游习惯定位主题。

我国旅游演艺市场尚未饱和，旅游演艺，尤其是古典演艺市场在国内旅游中还有比较大的发展空间。大部分游客都愿意在旅游过程中观看演出，而相对于蓬勃发展的旅游市场来说，旅游演艺活动的数量仍然非常少。

（3）提高项目美学价值。

实现产品内容和形式的有机统一，重视节目的审美价值性与参与性，并适时调整，不断在固定的主题下创新表现方式和活动内容。例如《禅宗少林·音乐大典》《印象·刘三姐》《大宋——东京梦华》等。这一类的作品都在深入挖掘中国文化后，投入巨大的资金和人力将其用演艺的方式展现给游客，给人留下了深刻的印象，不仅丰富了旅游目的地旅游产品的内容，也高调弘扬了当地的文化，将旅游提升到艺术与审美的高度。

（4）分析区域项目异质性。

分析旅游演艺项目在周边旅游区域中的项目异质性，这与项目选择的内容和表演形式相关。要打造自身的精品特色，与区域内其他知名品牌演艺项目形成不同的竞争关系。在临近的旅游景区内，可以形成不同类型的多种旅游演艺项目，如以室内歌舞为主题的旅游演艺项目周边，还可以选择山水实景演艺活动或小剧场表演，避免在同一区域内出现演艺项目雷同的现象。

2. 旅游景区演艺项目的市场营销

旅游演艺的主要营销策划手段是通过高频率的广告和各媒体宣传扩大知名度，但这是在旅游演艺已经形成规模后的宣传手段，在设置旅游景区演艺项目的时候还可以采取以下方法：

（1）结合节庆活动。

在节庆活动中增加演艺项目能扩大旅游景区的知名度，树立鲜明的旅游景区形象特色。

（2）增强观赏性。

演艺项目主要通过视觉冲击给游客留下深刻印象，因此，演艺项目首先必须成为一件赏心悦目的工艺品，服装道具布景都应当迎合游客的心理期望。而且服装、饰品等道具也可以作为演艺项目的周边产品进行销售。

（3）提高参与性。

将小型常规表演与大型演艺相结合，游客在期待大型演艺项目的时候，也可以近距离参与游戏式的表演。如深圳欢乐谷提倡的"零距离"表演，游客在园中行走时就可以接触到装扮成卡通人物或小丑的旅游景区工作人员。

3. 旅游景区演艺项目的规划设计

（1）游赏功能相互结合。

旅游景区演艺项目的设置要符合总体规划确定的功能分区，与周围的道路设施、服务设施和旅游景区内其他观光景点形成统一的游线系统。演艺项目与生活服务区相结合，周边自然景观同演艺项目的地域文化相结合，白天游览项目与通常在夜间举行的演艺项目相结合，这样就能创造出一个满足游客多元需求的旅游目的地，扩展旅游时间段，带来更充沛的经济收入。

（2）强化景区主题形象。

一个高品质、有个性魅力的演艺项目应当在主题的指引下完成一系列视觉、听觉、嗅觉、味觉以及心灵氛围的营造，调动游客的情绪，展示地区属性，增强辨识度与标志性。不仅是演艺项目，在专门服务于演艺项目的相关设施设备和人员服务上，都应当跟随其主题进行细致入微的打造，将演艺活动的主题气氛融入游客观赏演艺的整个过程中。

（3）丰富旅游产品设计。

演艺项目要将观赏者始终作为主体，在研究游客的基础上决定演艺的内容和形式，在项目中提高趣味性、娱乐性，并且注重同游客之间的相互交融，使其有参与感，这样才能最终塑造出具有多元性、多维感官感受的主题景区形象，增强风景旅游区的吸引力，形成持续的游客来源。

此外，演艺项目所产生的经济效益来源除了直接的门票收入外，更大一部分来源于周边产品的营销，最典型的周边产品包括旅游纪念品、餐饮等。针对演艺项目的独特属性，还会有音像制品、主题服装饰品以及其他连带的影视剧播映等。根据各个年龄段、各种旅游心理和消费水平的游客进行不同的旅游产品开发设计，不仅能够满足游客对产品文化的需求，提高演艺项目知名度，而且能够扩展演艺项目的收入来源。旅游景区演艺产品的销售能在一定程度上平衡旅游景区淡旺季的经济收益差距，促进旅游景区内淡季的人气提升。上海迪士尼乐园演艺节目周边产品如图5-17所示。

图5-17　上海迪士尼乐园演艺节目周边产品

（4）协调空间用地发展。

优秀的旅游演艺项目应给旅游景区带来更加开阔的空间发展潜力，在保持现有景观风貌的原真性与完整性的同时，通过加入一部分崭新的艺术元素，提升原有景观的魅力，将原本平淡的景观提升为富有魅力的核心景观，这一点对于旅游资源相对贫乏的地区具有极大的发展意义。

在对旅游景区用地进行生态环境调查的基础上，确定土地的使用性质，划分可建设用地与不可建设用地，将旅游景区演艺项目这类市场导向的开发项目与土地利用规划紧密结合起来。嵌入的演艺项目应当起到协调整个旅游景区空间布局的制约作用，使其用地充分合理利用，并应有效地限制景区的空间生长边界。

回归旅游本质，未来文旅演艺发展的新模式

5.3.4 旅游景区科普教育活动管理

近年来，旅游需求和对旅游产品的多样化的要求也呈逐渐上升趋势。许多游客在游览过我国秀美的自然风光之后，更加希望能通过旅游途径达到扩大视野、放松身心、获取知识和提高自身素质等目的。另外，随着人们受教育程度的提高，人们希望能在游玩中探求事物的科学真相。旅游被视为提高个人文化素养的重要手段，"读万卷书，行万里路"已然成为个人素养的评价标尺之一。

5.3.4.1 概念及特点

旅游景区科普教育活动就是以旅游活动为载体，通过旅游主题的规划、设计和加工，充分挖掘科技资源和旅游资源的科学内涵，把科普知识、科技发展、科学研究与游客的广泛参与融为一体，使游客在休闲娱乐的同时能够获得相关科学知识，从而提高自身科学素养的过程。在这个过程中，旅游景区一方面需要重视旅游资源的科普内涵挖掘；另一方面，要强调旅游活动的科普教育功能，在旅游活动中普及科学文化和技术知识，宣传科学思想和精神。同时还要具有科学性、趣味性和极强的参与性。在旅游景区内开展集科普教育和旅游为一体的旅游产品，其目的在于使游客在旅游的过程中受到教育，寓教于乐，寓教于游。

5.3.4.2 旅游景区科普教育活动

1. 充分挖掘旅游景区内科普旅游资源

旅游景区内的科普旅游资源可以从景区属性上分为自然生态科普旅游资源和古现代人文科普旅游资源两大类。每个大类之下都有丰富的适合开展科普教育活动的旅游资源，如表5-2所示。因此，旅游景区科普教育活动开发与管理的第一步应该在对景区资源详细调查的基础上，充分挖掘旅游景区内的科普旅游资源，发挥其科普功能。

表5-2 景区科普教育旅游资源分类体系

科普旅游资源	主要类别	基本类型
自然生态科普旅游资源	地文科普景观	山地、谷地、沉积地貌、风沙地貌、海岸地貌、地质剖面、自然灾变遗迹地貌、岛区
	水文科普景观	海洋、湖泊、水库、江河溪涧、泉、冰雪地、沼泽与湿地
	生物科普景观	森林、草原与草地、野生动物栖息地

续表

科普旅游资源	主要类别	基本类型
古现代人文科普旅游资源	历史遗产遗址类科普景观	古建筑、古代科技、人类活动遗迹、废城与聚落遗迹、宗教遗迹
	人工科技场馆类	科技馆、科技博物馆、科技活动中心

2. 遵从科普教育活动设计原则

自然保护区、动植物园、地质公园等类型的旅游景区是开展科普教育活动的重要场所，如传达地学知识的地质科普旅游，可以针对青少年开展科普家庭游或者登山探险旅游活动；传达植物知识的植物科普旅游，可以开展植物游园会等。这些科普旅游项目需要进行深度开发研究。另外，传统上由于人们认为科普本身具有专业性、深奥性、枯燥性的特点，因此在科普旅游项目开发研究过程中，要加强科普旅游的体验设计，这样才可能受到人们的欢迎。因此，科普旅游活动在设计过程中一定要根据活动的特点，即科普与旅游相结合的形式，考虑若干设计要素，遵循科普旅游方案设计的基本原则。

（1）安全性。

科普旅游活动的设计以安全性为前提，开发科普旅游路线、设计科普游戏、设计科学实验等都需要将安全性考虑在内，不要为了探险求奇忽略这一点。因为一场活动成功举行最重要的因素就是保证全体活动参与者的人身安全，这是一切活动进行的前提和保证。旅游路线和行程设计要综合考虑参与者的年龄、体力、心理承受力能各方面因素，舍弃危险性大的景点，如陡山、深谷，可以远观，不要为了刺激去靠近。科普旅游活动中还会根据涉及的科学知识点设计相应的化学、物理实验等，因此也要考虑实验的安全性问题，尤其是化学实验，根据参与者的年龄、实验的难易程度以及实验器材的易得性，选择适宜的实验器材和试剂，选择合适的实验地点，选择安全性高的实验方案。例如，是让每个人都动手操作还是由专业的实验人员演示，都要综合考量。

（2）科学性。

科普旅游活动结合了科学普及和旅游两个方面的内涵，其与普通观光旅游的区别就在于，科普旅游是将科学知识普及贯穿于旅游活动中，将科学知识的学习、普及与旅游活动结合起来，寓教于乐，寓学于游，以期提高游客的科学素养。所以科普旅游活动开发的一个重要原则就是科普知识点的科学性和教育性。科普内容要具备科学性，科普知识点的提炼要立足自然景点，进行深层次的科学内涵挖掘，使得科普旅游参与者不只是走马观花的游览，而是对相关的科学知识有更深层次的理解和体会。因此，在提取科普知识点的过程中要严谨且专业，对专业性的科学知识点应查阅资料或者请教专家，确保科学知识点正确无误，保证科普旅游的科学性。

第5章 旅游景区特色文化管理

（3）趣味性。

在科普旅游活动的设计中，除了把握好科普内容的深度和广度外，还要突出其趣味性。传统的科普形式，如科技馆展览展示、科普讲座等，之所以接受度不高，效果不好，是因为形式单一，受众只能单向接受，互动性差，在该过程中被动地接受科学知识，缺少参与性，无法享受科学的乐趣。

旅游景区内科普活动要增强科学知识学习过程中的趣味性，让参与者快乐地学习，尽情享受自然之美，体会科学之趣。在科普旅游活动的设计过程中，把握好科普内容的深度和广度以及丰富性，注重活动整体的趣味性和参与性。不能为了体现科普性，就给旅游活动增加太多的科普内容，科普点不宜设置得过多，科普知识点不宜太深。应把握内容涵盖的度，做到科学学习与旅游休闲相结合，使科普旅游参与者在游玩中学习科学、体验科学。

> **练一练**
>
> 全班学生分组，4~6人为一组，小组成员分析设计所选旅游景区节事活动、演艺项目及科普教育活动，并写出报告。

复习思考

一、单项选择题

1. 景区旅游宣传片属于（　　）展示。
   A. 文化实物　　B. 文化生态　　C. 视听影像　　D. 文字图片

2. （　　）本身就具有很强的比拟性和可分辨性。
   A. 图案　　B. 文字　　C. 材料　　D. 色彩

3. 《仿唐乐舞》是属于（　　）类型的演艺项目。
   A. 节目式展演　　　　　　　　B. 实景演艺
   C. 情景剧　　　　　　　　　　D. 结合餐饮和节事庆典开展的演艺项目

4. （　　）是目前最为典型的科普教育和科普旅游场所，也是被游客最为认同的一类。
   A. 人工科普场馆类　　　　　　B. 历史遗产遗迹类
   C. 人工科技园区类　　　　　　D. 科学教育设施类

5. 主题的（　　）即是主题文化贯穿于旅游活动的程度。
   A. 融合度　　B. 辨识度　　C. 丰富性　　D. 多样性

二、多项选择题

1. 旅游景区文化通常包括（　　）。
   A. 园林文化　　B. 宗教文化　　C. 山水文化　　D. 建筑文化

2. （　　）通常用于文化旅游景点的营销宣传。

A. 文化实物展示　　B. 文化生态展示　　C. 视听影像展示　　D. 文字图片展示

3. 旅游景区文化展示设计应用技术包括（　　）。

A. GIS　　　　　　B. VR　　　　　　C. IMT　　　　　　D. GPS

4. 节事活动的宣传对象为（　　）。

A. 旅游记者　　　　B. 政府　　　　　C. 旅行社　　　　　D. 游客

5. 旅游景区内的科普旅游资源可以从旅游景区属性上分为（　　）。

A. 历史遗产遗址类科普景观　　　　　B. 自然生态科普旅游资源

C. 生物科普景观　　　　　　　　　　D. 古现代人文科普旅游资源

三、判断题

1. 图案元素大都有着很强的时代性，它展现着不同时代、不同地域的文化背景和原始信仰。（　　）

2. 多媒体技术又称灵境技术，是以沉浸性、交互性和构想性为基本特征的计算机高级人机界面。（　　）

3. 体育赛事不属于节事活动。（　　）

4. 演艺项目所产生的经济效益来源主要是门票收入，周边产品的营销收入不高。（　　）

5. 自然科普旅游资源传播的科普知识一般包括自然景观现象的成因、自然现象的科学解释等。（　　）

四、简答题

1. 旅游景区文化展示方法有哪些？

2. 我们应该从哪些方面进行旅游景区节事活动的管理？

3. 结合实例谈一谈如何进行旅游景区演艺项目管理？

第 6 章

旅游景区信息化管理

学习目标

※ 知识目标
1. 掌握旅游景区信息化建设的内涵、技术支撑；了解旅游景区信息化系统构成。
2. 掌握智慧景区的内涵、支撑技术；了解我国智慧景区的发展情况。
3. 掌握电子门票的内涵、优势；熟悉各类电子门票的应用。
4. 熟悉旅游景区虚拟旅游的概念和类型；了解旅游景区虚拟旅游应用实例。

※ 能力目标
1. 能够根据旅游景区实际情况设计信息化建设方案框架。
2. 能够根据旅游景区提出电子门票系统需求方案。

内容框架

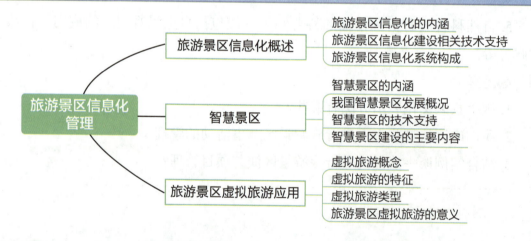

案例导入

嘉阳·㮈楞湖旅游景区智慧旅游系统方案设计理念

以旅游景区旅游转型、突破发展和开展智慧旅游建设为契机，以旅游景区特色旅游资源为依托，以"游客为中心"为服务理念，利用云计算、物联网、移动通信等多种先进技术，整合旅游景区现有旅游信息化建设成果，构建旅游景区智慧旅游体系，探索旅游景区智慧旅游模式，增强旅游企业的综合管理和运营能力，创建优质的旅游生态环境，提升旅游的服务品质，促进旅游景区环境、社会、经济的可持续发展，有效整合旅游资源，完善旅游景区功能，提升旅游景区形象，拓展旅游景区旅游生态链，带动区域经济发展，将旅游景区打造成全国领先、国际知名的旅游智慧景区。

（资料来源：https://www.sohu.com/a/216213402_99906174）

6.1 旅游景区信息化概述

近年来，国内旅游景区在规模上的发展非常迅速，特别是智慧旅游这个全新的概念在旅游业被迅速推广，越来越多的景区萌生了利用信息技术来改善景区经营管理的想法，朝着智慧景区的目标看齐，特别是一些大型景区（如九寨沟旅游风景区、峨眉山旅游风景区等），已经开始大力开展旅游景区信息化建设，并取得了较好的成效。

科技打造未来景区

6.1.1 旅游景区信息化的内涵

旅游景区信息化建设是现代景区管理的革命硬仗，这不仅表示用计算机来代替传统手工作业，也并非把传统业务流程通过互联网照搬到线上，而是通过信息技术独特的功能来支持旅游景区现代管理理念的实现和创新。落后的经营管理模式、固化的企业组织架构、低效的业务流程将在这场变革中重新洗牌。

6.1.1.1 旅游景区信息化的概念

旅游景区信息化是以信息通信技术为手段，在旅游景区内构建自动办公系统、信息门户网站、监控系统、电子售检门票系统、电子导游系统、地理信息系统等，并运用于旅游景区的运营、管理、保护、服务等工作中。提升旅游景区管理的信息化水平，达到有效整合景区资源、实现信息共享、创新管理模式、提升旅游景区管理水平和运营效果的目的。

6.1.1.2 旅游景区信息化建设的必要性

近年来，我国旅游业经济快速增长，已经进入大众旅游时代。科技的进步改变了人们的生活方式，现代商业模式的创新推动着旅游业的转型升级，旅游市场的竞争越来越激烈。作为现代旅游景区，在市场环境、技术、旅游消费者的推动下不得不走信息化建设发展之路。

> **知识拓展**
>
> **2018年中国旅游出行App月活跃用户排行榜TOP10**
>
> 在2018年8月中国旅游出行App月活跃人数排行榜TOP10中，排名第一的是携程旅游，月活跃用户数为6 122.16万人，环比增长2.8%；其次为去哪儿旅游，月活跃人数为3 664.77万人，环比增长2.4%；排名第三的是同程旅游，活跃人数为1 315.12万人，环比下降19%；其后分别为飞猪旅游、马蜂窝自由行、途牛旅行、艺龙旅游、猫途鹰、百度旅游、驴妈妈旅游。
>
> （资料来源：根据艾媒北极星、中商产业研究院调研数据整理）

6.1.2 旅游景区信息化建设相关技术支持

旅游景区信息化建设工程涉及的技术非常广泛，特别是在智慧旅游背景下，越来越多智能化的技术运用其中，包含了计算机网络技术、电子技术、环境监测技术、遥感技术、电子商务技术、移动技术、多媒体技术、虚拟现实技术、软件技术、云计算、物联网、智能数据挖掘技术等。

1. 计算机网络技术

计算机网络技术不仅是通信技术与计算机技术的结合，也是信息通信技术中最基本的技术。旅游景区信息化系统的每一部分，如旅游景区经营管理系统、旅游景区内部办公系统、监控调度系统、电子门票系统等都需要计算机网络技术的支持。在整个景区信息化工程中，要根据旅游景区需求合理使用计算机网络技术，如旅游景区内部办公需要局域网技术、有线网络技术；景区要满足游客体验，需要无线网络技术、蓝牙技术、广域网、城域网技术等，因此计算机网络技术是景区信息化建设重要的技术支持。

> **知识拓展**
>
> **计算机网络**
>
> 计算机网络可按网络拓扑结构、网络涉辖范围和互联距离、网络数据传输和网络系统的拥有者、不同的服务对象等不同标准进行种类划分。
>
> 一般按网络范围划分为局域网（LAN）、城域网（MAN）、广域网（WAN）。局域网的地理范围一般在 10 km 以内，属于一个部门或一组群体组建的小范围网，如一个学校、一个单位或一个系统等。广域网涉辖范围大，一般从几十千米至几万千米，如一个城市，一个国家或者洲际网络，此时用于通信的传输装置和介质一般由电信部门提供，能实现较大范围的资源共享。MAN 介于 LAN 和 WAN 之间，其范围通常覆盖一个城市或地区，距离从几十千米到上百千米。
>
> （资料来源：https://www.docin.com/p-482090188.html）

2. 电子技术

电子技术研究的是电子器件和电子器件电路的应用。在旅游景区信息化建设中电子设施设备都需要电子技术，如旅游景区的电子门禁设备、旅游景区智能电子停车设备、旅游景区屏幕显示设备、旅游景区监控调度设备、旅游景区内部办公设备，因此需要专业的电子技术人员进行维护。

3. 遥感技术

遥感技术是从远距离感知目标反射，对目标进行探测和识别的技术。在旅游景区中利用该技术可以探测景区地形地貌、植被、文化等旅游资源和旅游线路，为旅游资源的开发和观测提供精确的数据。特别是在自然灾害高发的年份，该技术可以及时、准确地收集最新的旅游景区资源信息，有利于旅游景区资源的开发和维护。

> **知识拓展**
>
> **遥感技术在旅游资源调查和旅游规划中的应用**
>
> 遥感技术在旅游资源调查与旅游规划中的应用，包括利用遥感影像测定旅游区所处的地理位置和地理环境，清查旅游资源的质量、数量和分布特征；利用虚拟现实技术和遥感数据进行动态的旅游开发与规划；制作旅游开发和旅游规划基础地图与旅游景点、旅游景区导游图；作为地理信息系统的最强大数据源，便于开发旅游规划地理信息系统，为旅游产品开发、旅游空间结构规划、旅游区规划与旅游决策服务等，提高了旅游规划的科学性和可操作性。
>
> （资料来源：曾群《遥感技术在旅游资源调查和旅游规划中的应用》）

4. 电子商务技术

电子商务技术融合了网络技术、安全技术、软件技术等。旅游景区在信息化过程中旅游电子商务系统是必备建设项目。电子商务打破了传统限时限地贸易模式，它具有开放性、全球性、随时随地性，可以为景区创造更多市场份额，提高景区的市场竞争力，优化旅游景区服务水平，因此电子商务技术能为旅游景区的经营管理带来最直接的影响。

5. 移动技术

基于旅游消费者消费习惯的改变，移动旅游电子商务是旅游电子商务发展的必然趋势，在旅游景区信息化建设中要充分应用移动技术打造智慧景区，以满足消费者最新的旅游消费习惯。旅游景区信息化涉及的移动技术主要包含无线应用协议（WAP）、通用分组无线业务（GPRS）、移动IP技术、蓝牙技术、移动定位系统技术、移动通信技术（3G、4G、5G）、二维码技术、射频识别（RFID）技术、云计算、大数据等。通过这些移动技术游客可以随时随地在移动终端上进行自助式操作，如通过无线网络和二维码技术购买电子门票、利用移动定位技术实现位置定位和共享、通过RFID技术可实现智能停车和智能门禁等功能，为游客和旅游景区提供了极大的便利。

> **知识拓展**
>
> **LBS**
>
> LBS是基于位置的服务，它是通过电信移动运营商的无线电通信网络（如GSM网、CDMA网）或外部定位方式（如GPS）获取移动终端用户的位置信息（地理坐标或大地坐标），在地理信息系统（GIS）平台的支持下，为用户提供相应服务的一种增值业务。
>
> 旅游行为是位置不断变化的过程，LBS与旅游业的契合是完美的结合。LBS能实时提供移动终端用户的位置信息，一方面，用户可以利用"周边旅游景点信息"功能来查找某个兴趣点附近的旅游景点信息；对于某个属于"旅游景点"类型的兴趣点，系统提供了丰富的介绍信息供用户查阅，同时为用户提供该旅游景点的"攻略"；借助App，可实现游客之间的位置共享，从而提供游客之间的信息交流。

第6章 旅游景区信息化管理

6. 多媒体技术

多媒体技术是把图文、动画和声音等多种信息类型的媒体综合在一起，通过计算机进行控制和综合处理，能支持完成一系列交互式操作的信息技术。它具有集成性、控制性、交互性、实时性等特点，可以为旅游景区的网站设计、信息系统的设计和信息呈现形式等提供支持。

7. 虚拟现实技术

见第5章5.2.2.2中的第2点虚拟现实。

> **议一议**
> 针对嘉阳·桫椤湖景区信息化建设现状，其还需要利用哪些技术手段提升景区信息化功能？

6.1.3 旅游景区信息化系统构成

旅游景区信息化系统构成如图6-1所示。

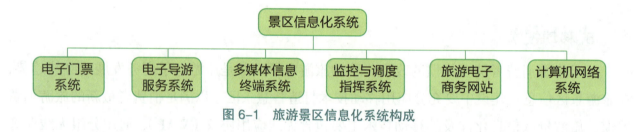

图6-1 旅游景区信息化系统构成

1. 电子门票系统

旅游景区电子门票系统融计算机技术、信息技术、电子技术、机电一体化及加密技术于一体，具有很强的智能化功能。主要由售票管理子系统、检票管理子系统、门票库存系统、频道监控系统、票务管理系统、后台报表系统及中央控制系统等组成。

采用电子门票系统可以实现整个旅游景区售检票、票务查询统计等业务操作，全方位实时监控和控制管理各种门票通道，有效杜绝传统门票的各种不良现象，为旅游景区管理提供精准科学的管理数据，提高旅游景区的门票管理水平，从而适应现代化管理的需求；也可以提高旅游景区整体的形象和工作效率，为旅游景区的管理带来极大的便利，同时也能给游客提供良好的门票售检服务。

2. 电子导游服务系统

电子导游服务系统是利用电子技术、信号处理技术、定位技术制造出来的各类导游讲解系统设备。国外一般将其称为ATG（Audio Tour Guide）或ETG（Electronic Tourist Guide）。

电子导游系统可以将所有内容毫无保留地传达给游客，它可以将景区景点的信息用图、文、声形式表现出来，尤其是最新的多媒体电子导游机，在视频图像的配合下，它的解说字正腔圆、语音悦耳，是位尽心尽责的"优秀讲解员"。由于讲解人员有限，特别是外语讲解，很难为每位游客提供规范统一的讲解服务，使用电子导游系统不仅可以有效优化人力资源的配置，同时电子导游系统（如图6-2所示的电子导游服务机）可以设置多国语言，为游客的参观提供精准化的服务体验。

图6-2 电子导游服务机

许多游客在游览和观赏过程中，由于不了解景物和展品丰富的文化内涵，对本该驻足观赏、仔细品味的人文、历史等景观往往是走马观花，造成了旅游资源的极大浪费。目前，我国大部分旅游景区和展览馆会提供随身电子导游服务设备，游客们可以充分利用电子导游系统了解观赏旅游景区景点深厚的文化底蕴，一方面可以让游客的参观游览随意自由；另一方面可以让游客体验全面详细的旅游景区讲解服务，了解真正的旅游文化背景。

3. 多媒体信息终端系统

多媒体信息终端系统（图6-3）在当今社会无处不在。其由服务器、网络、播放器、显示设备组成。旅游景区内常见的多媒体信息终端系统包括触摸屏查询系统和大屏幕信息发布系统。

图6-3 多媒体信息终端系统

触摸屏查询系统主要设置在旅游景区游客服务中心、重要的旅游景点等处。该系统是将文字、图像、音乐、视频、动画等数字媒体资源通过系统集成并整合在一个互动的平台上，通过图、文、声为游客提供实时、详尽的旅游景区信息查询服务。该系统的功能设置一般比较简单，也很容易操作，即使是对计算机技术不熟悉的游客，也可以进行信息便捷查询。

大屏幕信息发布系统（图6-4）主要设置在旅游景区的重要位置，如售票大厅、景区的出入口等地，用于显示信息、通知、广告、欢迎词等，是一种户外新兴媒体。该系统还可以通过卫星专线传输，对国家重点景区风光片进行同步联播，特别是旅游旺季期间，实现全国风景名胜区资源优化整合，起到相互宣传、优势互补、共同发展的作用，也方便游客了解旅游景区信息。

黄果树5A级景区，5A级可视化指挥监控平台

图6-4　大屏幕信息发布系统

4. 监控与调度指挥系统

监控与调度指挥系统（图6-5）主要是借助计算机技术和监控软件，以摄像头为图像采集媒体，通过监控大屏幕显示系统对景区情况进行实时监控。一旦出现紧急情况，可以使用公共音响广播系统播报信息并指挥疏散人群，通过车辆调度系统、远距离车辆识别系统对车辆和人员进行身份识别、车辆信息管理、位置跟踪及收费管理等。

图6-5　监控与调度指挥系统

5. 旅游电子商务网站

旅游电子商务网站（图6-6和图6-7）就是旅游企业、机构或者个人在互联网上建立的

一个站点,是旅游企业、机构或者个人开展旅游电子商务的基础设施和信息平台,是实施旅游电子商务交易的交互窗口,是从事旅游电子商务活动的一种手段。在技术层面,旅游电子商务网站是指以互联网为信息传输媒介、以网页为载体,面向游客和旅游企业提供网络宣传、网络销售、网上支付、客户关系管理等一系列服务的平台,该平台全面实现景区旅游一条龙服务。

图6-6　乌镇景区网站

图6-7　九寨沟景区网站

6.计算机网络系统

该系统是利用通信设备和线路设备将地理位置不同、功能独立的多个计算机系统联系起来,通过网络软件实现网络中资源共享和信息传递的系统。这是旅游景区信息化系统的中枢传输系统。在网络协议、网络设备、网络软件等支持下,为旅游景区信息化系统建设打造一个安全、稳定、高效的网络平台。

给嘉阳·桫椤湖景区设计一套信息化系统建设体系框架。

6.2　智慧景区

6.2.1　智慧景区的内涵

智慧景区是旅游景区管理与现代信息技术的高度集成。随着我国信息通信技术的不断创新和普及,智慧旅游、智慧景区的建设是旅游产业、旅游企业发展的需要,也是建设战略性支柱产业和人民群众更加满意的现代服务业的需要,具有重要的政治、经济、历史和现实意义。因此只有进行前瞻性的思考，智慧景区建设才能有前瞻性的发展。

智慧景区的概念有广义和狭义之分。

广义的"智慧景区"是指企业的科学管理理论同现代信息技术的高度集成，通过低碳智能运营能够更有效地保护生态环境，为游客提供更优质的服务，最终实现人与自然和谐发展，为社会创造更大的价值。

狭义的"智慧景区"是数字景区的完善和升级，通过对环境、经济、社会三大方面更透彻的影响和感知，实现可视化管理和更广泛的互联互通的智能化景区。

狭义的"智慧景区"强调技术因素，广义的"智慧景区"不仅强调技术因素，还强调管理和资源保护因素。

6.2.2 我国智慧景区发展概况

2001年，我国启动了"金旅工程"建设项目，该工程覆盖全国旅游部门"国家—省—市—企业"四级的计算机网络系统，我国旅游景区的信息化建设工程就是从金旅工程开始的。随着智慧地球、智慧城市、智慧旅游在全国范围内推广，智慧景区的建设也取得了一定成效。

根据景区信息化发展建设历程来看，可以将旅游景区分为电子景区、数字景区和智慧景区三大阶段。我国旅游景区信息化的初始阶段是电子景区阶段，这个阶段对信息技术的使用处在电子办公阶段，信息化程度低；电子景区发展到一定阶段的新概念称为数字景区，通常与信息通信技术联系在一起，逐步实现旅游景区的系统化管理，一些实力较强的国家级或省级风景名胜区和自然保护区在办公、电子商务、门禁、售票、监控、定位、地理信息等方面已经开始数字化投入和管理；智慧景区是我国旅游景区信息化建设的高级阶段，通过移动物联网技术来实现旅游景区从数字化到智慧化的转变。2012年，国家旅游局确定了云台山景区、峨眉山景区、泰山景区、黄山景区、颐和园景区等22家智慧景区试点单位。我国现阶段比较具有代表性的智慧景区主要有九寨沟景区、黄山景区及泰山景区等。

九寨沟信息化建设

6.2.3 智慧景区的技术支持

1. 云计算

云计算（Cloud Computing）是一种基于互联网的计算方式。共享的软硬件资源和信息可以通过这种方式按需提供给计算机和其他设备。典型的云计算提供商往往提供通用的网络业务应用，可以通过浏览器等软件或者其他Web服务来访问，而软件和数据都存储在服务器上。智慧景区可以将大量的旅游数据信息存放到云计算中心，游客直接在平台上查询信息，方便快捷。

云计算的优势：

（1）云计算提供最可靠、最安全的数据存储中心，不用担心景区经营管理的数据丢失或遭病毒入侵等问题。

（2）可以轻松实现不同设备间的数据与应用共享。

（3）对用户端的设备要求低，使用起来很方便。

（4）它为用户使用网络提供了几乎无限多的可能性。

2. 物联网

物联网（Internet of Things）是新一代信息技术的重要组成部分。其核心和基础是互联网，其用户端延伸和扩展到了任何物品与物品之间，利用射频识别技术、无线数据通信等技术，进行信息交换和通信，构造一个覆盖世界万事万物的网络，也就是物联网。物联网通过智能感知识别技术与互联网络融合，被认为是推动世界高速发展的重要生产力。在旅游景区信息化建设中，物联网技术显得尤为重要。

物联网在旅游景区中的应用案例：

（1）游客通过网上电子票务系统预订旅游景区门票，到达旅游景区后，可以在游客中心换领智能手环（集成 RFID 和蓝牙模块，图 6-8），游客通过蓝牙实现手机与手环的配对，当游客携带手环时，自由出入旅游景区门禁，实现旅游景区客流信息及位置动态的智能感知采集。

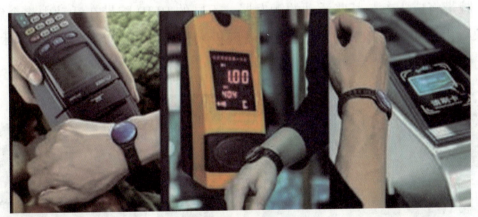

图 6-8　智能手环

游客在旅游景区游玩时，通过配对后的手机，可以获得以下服务：

自助导游：自动对游客所处位置的景点、文物、珍稀植物等进行介绍（文字、图片及音视频）。

服务引导：旅游景区当前位置的气象、水质、空气质量、危险警告、最近的服务设施（比如观光车、店铺、服务台、厕所、停车场等）。

信息服务：掌握景区当前的游客流量分布，为游客科学规划避开拥堵的最佳游、玩、吃、

第6章 旅游景区信息化管理

住、行路线，以便游客合理安排游玩时间。

紧急报警服务：游客遇到紧急事件时可以通过智能手环一键报警，监控中心将根据位置定位安排最近的工作人员前往，提供帮助或解决问题。

（2）将旅游景区照明灯、景观亮化灯、道路指引灯安装成智能LED灯，在旅游景区的网络广播、监控摄像头、电子显示屏、观光车（含缆车）等设备上加装智能驱动器，实现对旅游景区设施设备的智能控制。

（3）在旅游景区分散布置森林防火、水质监测、空气监测、气象监测等智能采集器，在各个观景点、危险路段、受保护珍稀植物、文物以及各类服务设施等位置布设智能感知器和摄像机，实现对旅游景区环境的全面实时监测与安全控制。

3. 感知与识别技术

（1）射频识别。

射频识别技术又称无线射频识别，是一种无线通信技术，可通过无线电信号识别特定目标并读写相关数据，而不需要识别系统与特定目标之间建立机械或光学接触。例如，在迪士尼乐园中，游客佩戴RFID腕带可以快速进入园区，RFID腕带（图6-9）可以和园区每个游乐设施的传感器互动，实现快速排队，同时可作为游客的房间钥匙、乐园门票和支付账户，还可追踪游客正在使用的工具、与哪些卡通人物进行互动、所在位置以及园内购物状况；新加坡动物园为纪念成立45周年举办了幻光雨林之夜活动，这是一个以野生动物园为背景，结合了光、影、声的多媒体夜行体验。进入动物园后，每位游客带上RFID腕带，当进入活动现场后，腕带将成为参与某些活动的触发器，不同的RFID腕带在活动中将会触发出不同的动物形象。由此可见，RFID技术在旅游景区投入使用，可以为游客提供一体化、生动、便捷的游玩体验。

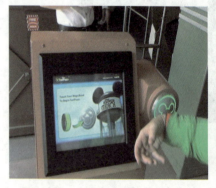

图6-9 迪士尼RFID腕带

（2）二维码。

二维码是近几年移动设备上非常流行的一种编码方式。这是一种全新的信息存储、传递和识别技术，它比传统的条形码存储量更大，也能表示更多的数据类型。如手机二维码是二维码技术的一种常见应用，其不但可以印刷在报纸、杂志、广告、图书、包装以及个人名片上，还可以通过手机扫描，使用户快速了解企业产品信息。

近年来，二维码技术快速应用于旅游景区电子门票系统，游客进出旅游景区只需要出示二维码扫码即可，方便快捷，并且杜绝了假票、逃票等情况发生，也为旅游景区客流量统计提供了数据支持。

> **知识拓展**
>
> **二维码的优势**
>
> 二维码作为一种全新的信息存储、传递和识别技术，基于其自身的特点在使用上具有数据容量更大、超越了字母数字的限制、条形码相对尺寸小、可以抗损毁的特点。

4. 移动通信技术

如今的生活已经离不开移动通信技术。从第一代移动通信技术到 2G、3G、4G 时代再到 5G 时代，移动通信技术对人类生活的改变起到了至关重要的作用。如今已步入 5G 时代，5G 技术是在前面几代通信技术基础上做的升级和改良，几乎能够满足用户对无线服务的所有要求。5G 技术的目标是让用户始终处于互联网的状态，是对 4G 网络的转型升级，景区智慧化建设应对其进行全面的研究。

> **知识拓展**
>
> **什么是5G？**
>
> 5G，全称第五代移动电话行动通信标准，也称第五代移动通信技术，其峰值理论传输速度可达每秒数十 Gb，比 4G 网络的传输速度快数百倍，这意味着手机用户在不到一秒的时间内即可完成一部高清电影的下载。
>
> 5G 网络的主要目标是让终端用户始终处于联网状态，5G 网络将来支持的设备远远不止是智能手机——它还要支持智能手表、健身腕带、智能家庭设备（如鸟巢式室内恒温器）等。随着海量设备的增长，未来的 5G 网络不仅要承载人与人之间的通信，而且要承载人与物之间以及物与物之间的通信，既可支撑大量终端，又使个性化、定制化的应用成为常态。

5. 大数据

大数据（Big Data 或 Mega Data）又称巨量资料。大数据最核心的价值就是对海量数据进行存储和分析，相比于现有的其他技术而言，大数据的"廉价、迅速、优化"三方面的综合成本是最优的。Volume（大体量）、Velocity（快速化）、Variety（多样性）、Value（大价值）、Veracity（实效性）并称大数据的 5V 特点。

从技术上看，大数据的特色在于对海量数据的挖掘，与云计算的关系就像正反面一样密不可分。在智慧景区的建设中，监控调度中心及管理系统都会大量使用大数据技术建立数据中心，如 2018 年 9 月 19 日高德地图与河南省旅游局合作落地了云台山项目，在大数据中心，旅游景区管理人员可以实时监测旅游景区各个角落，查看旅游景区在全国、全省各景区中的访问量排名，通过对旅游景区游客大数据的分析，准确判断市场营销的重点；通过各部门大数据的连通，对过于拥堵的路段或区域获得智能预警。

> **知识拓展**
>
> **大数据与云计算的关系**
>
> 大数据离不开云处理，云处理为大数据提供了弹性可拓展的基础设备，是产生大数据的平台之一。自2013年开始，大数据技术已开始和云计算技术紧密结合，未来两者之间的关系将更为密切。除此之外，物联网、移动互联网等新兴计算形态，也将一齐助力大数据革命，让大数据营销发挥出更大的影响力。

6.2.4 智慧景区建设的主要内容

"智慧景区"是旅游景区信息化建设的高级阶段，也是一个非常复杂的系统工程。以我国文化和旅游部对旅游信息化建设的要求为指导，以先进的信息技术为依托，结合旅游景区的具体情况，建立以智慧管理中心为核心的管理服务、营销、生态保护三大体系，将旅游景区传统的管理模式转变为智慧化的管理模式，实现管理和营销新的突破，树立先进的管理和科技旅游品牌。

1. 智慧管理

智慧景区将实现传统景区管理向现代化旅游景区管理方式的转变，变分散管理为协同、变多级管理为扁平化管理、变粗放管理为精细管理，实现资源保护智慧化、经营管理智能化。通过信息通信技术的应用，可以准确掌握游客和旅游相关企业的信息，实现旅游景区监管从传统的被动管理转向实时主动管理；智慧景区与交通、气象、旅游企业、公安、工商、卫生等部门形成信息共享和协作联动，通过云计算、大数据中心实现旅游景区智能预警机制，提高旅游景区应急管理能力，做好景区安全保障；旅游景区依托信息技术，主动获取游客信息，形成数据分析体系，全面了解景区游客的需求，有利于旅游景区经营管理实现科学决策和科学管理。

在智慧景区项目中，智慧管理建设包括旅游景区办公自动化（OA）系统、旅游景区监控调度应急系统、生态保护系统、电子票务系统、车船调度系统、供应链管理系统，实现旅游景区管理全面可视化、智慧协调统一化、系统智能化管理。

2. 智慧服务

旅游景区智慧服务是以游客为中心，通过信息技术实现信息公开、交流互动来提升游客在旅游景区的旅游体验和旅游品质。要让游客在信息的获取、旅游产品的预订、支付等旅游全过程中都能感受到旅游景区带来的全新智慧化服务体验。旅游景区通过智能设施设备的布设，基于物联网、无线技术、遥感技术、定位和监控等技术，落实景区信息化建设项目，提升游客在旅游景区游览全过程中的舒适度和满意度，为游客带来更优质的旅游安全保障和旅游服务品质保障。

智慧服务系统一般包含景区公共信息发布平台、旅游景区客服呼叫平台、游客自助导览系统、自助售取票机系统、旅游景区电子导游系统、智能停车场管理系统、应急广播系统、无线网络覆盖、触摸屏服务引导系统等。

3. 智慧营销

旅游景区通过智能化的设备及时展开对旅游舆情的监控和相关数据的分析，挖掘旅游热点，引导景区设计和开发新的旅游产品，制订相应的营销计划，从而推动景区的产品创新和营销创新。智慧营销是让更多的人来景区消费更多的时间，促进景区的经济增长。旅游景区需要将宣传门户进行有机整合，利用线上、线下进行全面推广，构建全网营销体系，全面提升旅游景区的知名度和形象，拓展客流，增加游客黏度，实现精准化营销。

智慧营销包含了电子商务平台、目的地分销系统、旅游景区分销系统、旅游景区旅行社分销系统、旅游景区旅游资讯发布系统、客源地分析系统、营销数据分析等，针对游客提供定制化、个性化营销。

6.3 旅游景区虚拟旅游应用

随着全球跨入信息技术时代，地理信息系统、三维可视化、虚拟现实、3D互联网等技术不断发展和应用，越来越多的网站开始推出虚拟旅游服务，把虚拟技术搬到现代旅游景区内，可以让游客得到更完善、更丰富的体验感。作为实体旅游的补充，虚拟技术可以让游客在旅游景区内充分体验由于季节或其他因素而体验不到的内容。比如，夏天去峨眉山游玩的旅客可以用虚拟技术和设备看到峨眉山冬天的壮丽雪景，参观古建筑的游客可以重温其搭建过程，以此来丰富旅游体验。

第 6 章 旅游景区信息化管理

> **知识拓展**
>
> **什么是地理信息系统**
>
> 地理信息系统（Geographic Information System 或 Geo-Information System，GIS）有时又称为地学信息系统。它是一种特定的十分重要的空间信息系统。它是在计算机软、硬件系统支持下，对整个或部分地球表层（包括大气层）空间中的有关地理分布数据进行采集、储存、管理、运算、分析、显示和描述的技术系统。地理信息系统与全球定位系统（GPS）、遥感系统（RS）合称 3S 系统。

6.3.1 虚拟旅游概念

所谓虚拟旅游（Virtual Tourism），是指建立在现实旅游景观基础上，利用虚拟现实技术，通过模拟或超现实景观，构建一个虚拟的三维立体旅游环境。用户足不出户就能在虚拟环境中游览遥在万里之外的风光美景，细致生动地感受虚拟旅游目的地的场景。

> **知识拓展**
>
> **虚拟现实技术**
>
> 虚拟现实技术是仿真技术的一个重要方向。虚拟现实是多种技术的综合，包括实时三维计算机图形技术，广角（宽视野）立体显示技术，对观察者头、眼和手的跟踪技术，以及触觉力觉反馈、立体声、网络传输、语音输入输出技术等。虚拟现实技术主要包括模拟环境、感知、自然技能和传感设备等方面，主要交互设备有数据手套、数字头盔、头部跟踪设备等。

6.3.2 虚拟旅游的特征

1. 多感知性

虚拟旅游借助虚拟技术为游客提供视、听、触等多维度感知体验，可以为游客营造身临其境的感觉。

2. 交互性

基于虚拟现实技术的交互特点，在虚拟旅游体验过程中，游客可以借助交互设备，如数字头盔（图 6-10）、VR 眼镜（图 6-11）、数据手套（图 6-12）等与虚拟旅游景区环境进行互动体验。

图 6-10　数字头盔

图 6-11　VR 眼镜

图 6-12　数据手套

3. 超时空性

虚拟旅游为游客营造了穿越体验，在时间和空间上没有限制，如现代人感受古代建筑建造过程、在一个季节感受旅游景区不同季节的美景、辅助游客体验高空观景等不敢尝试的游览体验项目，虚拟旅游在时间和空间上给予游客一定的宽度和深度。

6.3.3 虚拟旅游类型

根据临场参与感和交互方式的不同，虚拟旅游可分为以下三类：

1. 桌面式虚拟现实旅游系统

桌面式虚拟现实旅游系统（图6-13）主要是通过计算机显示器来显示虚拟景区，计算机图形技术在其中起着非常重要的作用。它的逼真程度较低，沉浸感较差，并不是严格意义上的虚拟现实系统。例如，基于3D建立景区模型的虚拟旅游网站和一些三维游戏均为桌面式虚拟现实旅游系统。

图6-13 桌面式虚拟现实旅游系统

2. 座舱式虚拟现实旅游系统

使用座舱式虚拟现实旅游系统（图6-14）时，用户置身于一个特制的座舱之中，舱内有一个可以向外看虚拟景区的屏幕，转动座舱就可以从不同的角度观赏游览虚拟旅游景区，用户不需要佩戴其他特殊装置，从而实现与虚拟世界无负担交互的目的，这类系统能达到的沉浸感较差。

第 6 章 旅游景区信息化管理

图 6-14 座舱式虚拟现实旅游系统

3. 沉浸式虚拟现实旅游系统

沉浸式虚拟现实旅游系统（图 6-15）有着较强的沉浸感，利用头盔显示器把用户的视觉、听觉封闭起来，产生虚拟视觉，同时，它利用数据手套把用户的手感通道封闭起来，产生虚拟触动感，使用户能自由地环顾虚拟空间，尽情地感受虚拟世界带来的真实感。

图 6-15 沉浸式虚拟现实旅游系统

知识拓展

增强现实技术

增强现实（Augmented Reality，AR）是一种将真实世界信息和虚拟世界信息"无缝"集成的新技术，是把原本在现实世界的一定时间空间范围内很难体验到的实体信息（视觉信息、声音、味道、触觉等），通过计算机等科学技术，模拟仿真后再叠加，将虚拟的信息应用到真实世界，被人类感官所感知，从而达到超越现实的感官体验。真实的环境和虚拟的物体实时地叠加到了同一个画面或空间同时存在。

在现代旅游景区中，VR/AR 运用十分广泛，如智能导览，只需要一部手机就可以全方位自主了解景区的游览事宜，对于自由行的游客来说是一种非常有价值的获取信息的渠道；如景区的文化古迹，其信息以增强现实的方式提供给游客，游客不仅可以通过 HMD（头盔显示器）看到古迹的文字解说，还能看到遗址上残缺部分的虚拟重构。

6.3.4 旅游景区虚拟旅游的意义

旅游景区虚拟旅游并不是替代传统旅游，无论是桌面式、座舱式还是沉浸式虚拟现实系统，都是对传统景区市场方向缺失方面的有益补充，同时也是一种开拓新市场的有力手段。可以通过技术优势，很好地促进传统旅游景区的发展，并为传统旅游景区提供更好的辅助作用。

虚拟现实技术走进旅游景区，不仅可以满足游客们的体验需求，还可以缓解旅游景区经济效益与遗产保护之间的矛盾。如敦煌研究院已决定使用数字化保护虚拟展示平台（图6-16），通过对莫高窟历史和现状的介绍以及虚拟漫游莫高窟的方式，将"虚拟敦煌"呈现给游客，让游客在进洞前对其有全方位的了解，巧妙地解决了游客在洞中逗留时间过长的问题。另外，虚拟现实系统还可以实现对于已经消失或即将消失的旅游资源进行保护。如三峡工程竣工之后，通过虚拟现实技术，原有雄壮美丽的三峡自然、人文景观得以再现，使后人能够重新游览这一奇异的旅游景观。目前，一些文化旅游景区已经开始借助科技营造虚空，如模拟佛教大道圣境、万佛朝宗、三花聚顶。南京牛首山等佛教名山已经启动相关的规划，改造原有旅游景区的夜景灯光，加上虚拟现实成像技术，通过情绪感知改变小环境背景呈现，大环境则通过旅游景区夜间整体亮度调节佛光呈现亮度。因此，虚拟现实技术可以使旅游景区获得营销和资源保护双重利益。

国内首家虚拟现实主题科幻公园"东方科幻谷"

图6-16 敦煌数字化保护虚拟展示平台

虚拟旅游不仅不影响传统旅游景区的格局，反而会形成更合理、更有效的旅游景区市场结构。旅游景区虚拟旅游独特新颖的文化传播方式，使虚拟旅游平台可以更好地传播旅游文化，令旅游景区的发展层次更合理，从而更好地促进旅游产业的发展。

体验虚拟旅游系统，分小组为嘉阳·桫椤湖景区设计虚拟旅游项目。

第6章 旅游景区信息化管理

复习思考

一、单项选择题

1. 从远距离感知目标反射，对目标进行探测和识别的是什么技术？（　　）
   A. 多媒体技术　　B. 移动技术　　C. 遥感技术　　D. 计算机网络技术

2. （　　）是旅游景区电子门票系统的核心管理部分，是管理中心对整个管理系统进行管理和维护。
   A. 库存管理系统　　B. 售票管理系统　　C. 检票管理系统　　D. 中央控制系统

3. （　　）可以让游客在旅游景区自由游览的同时又充分了解观赏对象深厚的文化底蕴。
   A. 多媒体信息终端系统　　　　　　B. 旅游景区网站
   C. 电子导游系统　　　　　　　　　D. 计算机网络系统

4. 虚拟旅游的特点不包含（　　）。
   A. 交互性　　B. 时空无限性　　C. 多感知性　　D. 便捷性

5. 智慧景区建设的智慧技术不包括（　　）。
   A. 云计算　　B. 多媒体技术　　C. 射频识别技术　　D. 大数据

二、多项选择题

1. 旅游景区电子门票的类型有（　　）。
   A. 二维码电子门票　　　　　　　　B. IC卡电子门票
   C. 指纹电子门票　　　　　　　　　D. 射频识别电子门票

2. 旅游景区信息化的无线技术有（　　）。
   A. LBS　　B. 蓝牙技术　　C. WAP　　D. RFID

3. 我国景区信息化建设经历了哪些阶段？（　　）
   A. 智慧景区　　B. 数字景区　　C. 电子景区　　D. 网络景区

4. 景区智慧化建设的主要内容包含（　　）。
   A. 智慧营销　　B. 智慧服务　　C. 智慧体验　　D. 智慧管理

5. 虚拟旅游包含（　　）。
   A. 道具交互式虚拟现实旅游系统　　B. 沉浸式虚拟现实旅游系统
   C. 座舱式虚拟现实旅游系统　　　　D. 桌面式虚拟现实旅游系统

三、判断题

1. 计算机网络技术是旅游景区信息化建设的技术基础。（　　）
2. 物联网技术是智慧景区建设的核心技术。（　　）
3. 二维码门票可以完全避免传统门票的假票、逃票等情况。（　　）

4. 九寨沟景区是我国最早开始信息化建设的景区。（   ）

5. 我国旅游景区的多媒体信息终端系统主要是触摸屏查询系统和大屏幕信息发布系统。（   ）

四、简答题

1. 什么是旅游景区信息化？我国旅游景区信息化发展存在什么问题？

2. 旅游景区信息化系统由什么构成？

3. 分析旅游景区电子门票和传统门票使用的利弊。

4. 旅游景区虚拟旅游有哪些类型？是否能举出实例？

5. 智慧景区的技术支持有哪些？

第 7 章 旅游景区营销管理

学习目标

※ **知识目标**
1. 了解旅游景区营销的含义、基本理论。
2. 熟悉市场细分、选择和定位的基本原理、方法和技巧。
3. 掌握旅游景区营销策略组合的 4Ps 理论及其应用。
4. 了解营销创新在旅游景区实践中的应用。

※ **能力目标**
1. 能够根据所学知识,分析旅游景区营销环境,进行市场调查。
2. 能够诊断旅游景区市场营销存在的问题,重新组合市场营销策略。
3. 具备从事旅游景区市场推广的能力。

内容框架

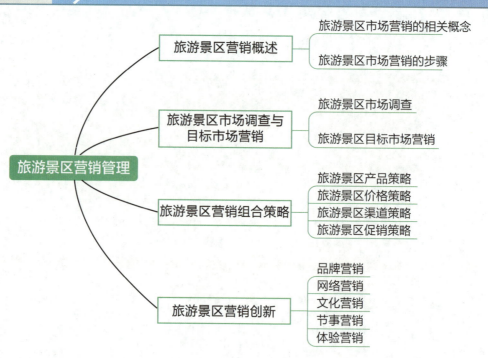

案例导入

故宫文创一年卖10亿元，创意营销有多重要？

2014年，故宫淘宝微信公众号刊登了《雍正：感觉自己萌萌哒》，使雍正皇帝成为当时的热门"网红"。从此以后，故宫文创越玩越溜，营销玩法越来越突破脑洞。据统计，2017年，故宫一年之内淘宝销售额已突破10亿元大关。

故宫文创一年销售额破10亿元，无疑与他们近年来前卫的营销玩法不无关系。早在2011年，故宫就大力推广自己的文创产品，可因为产品和营销途径都过于传统，当时市场并不买账。使故宫走出瓶颈区的，是故宫的工作人员对自身品牌传统思路的突破，他们的行动在向世人传递出一个声音：故宫一直在跟随时代步伐，用变化和创新赢取未来。毕竟，品牌唯有不断更新营销策略，才能跟上时代的浪潮。尤其在移动互联网时代，年轻人喜欢的内容在变，年轻人的消费方式也在变，只有迎合年轻消费群体"有趣好玩儿"需求的营销方式才能在他们心中占据一席之地。

随着时代的发展，连故宫都开始"卖萌耍贱"。品牌要想做时代的"弄潮儿"，除了推陈出新、结合创意营销形式外，恐怕别无他法。

思考：创意营销在信息化时代有何意义？旅游景区怎么才能做好创意营销？

（资料来源：https://www.chinaz.com/manage/2018/0423/877366.shtml）

7.1 旅游景区营销概述

目前，全国范围内的旅游景区已有2万多家，各种新的旅游景区仍在如雨后春笋般不断涌现，旅游市场的竞争日趋激烈。如何在众多的旅游景区中脱颖而出以吸引游客的注意力，在诸多成功因素中，科学的景区营销方法是关键。

7.1.1 旅游景区市场营销的相关概念

7.1.1.1 旅游景区市场营销

1. 市场营销

市场营销（Marketing）简称"营销"，20世纪初起源于美国，20世纪80年代传入我国，是系统研究市场规律、指导企业或组织科学驾驭市场的管理理论和方法体系。

市场营销的第一目的是创造、获取并维持客户；要从长远的观点来考虑如何有效地战胜竞争对手，立于不败之地；注重市场调研，收集并分析大量的信息，只有这样才能在环境和市场的变化有很大不确定性的情况下做出正确的决策；积极推行革新，其程度与效果成正比；在变化中进行决策，要求其决策者要有很强的能力，要有像企业家一样的洞察力、识别力和决断力。

不同的市场营销定义有不同的表述，但核心是一致的，即营销的着眼点都在市场，其核心是发现客户，并因满足客户需求而获利。

市场营销管理是指为创造达到个人和机构目标的交换而规划和实施理念、产品和服务的构思、定价、促销和分销的过程。

旅游景区营销管理是市场营销的一个分支，只不过它的研究领域是旅游行业，但其基本思想均来源于市场营销的一般理论。

2. 旅游景区市场营销

旅游景区市场营销是旅游景区组织为满足游客的需要并实现自身经营和发展目标而通过旅游市场实现交换的一系列有计划、有组织的社会和管理活动，如图7-1所示。

图7-1 旅游景区市场营销示意

旅游景区市场营销的最终目的是满足游客的需求，其实质是通过向人们指出可以满足其特定需要的产品和服务的价值来促使游客产生对特定旅游景区景点产品的需求，并通过增强旅游景区产品和服务的吸引力来影响和满足游客对特定旅游景区景点的需求。

7.1.1.2 旅游景区市场营销管理

旅游景区市场营销管理是通过市场分析来确定目标市场，为游客提供满意的产品和服务，是旅游景区产品实现交换的全过程管理，是一种游客需求管理。

7.1.2 旅游景区市场营销的步骤

旅游景区的营销是一个复杂的过程，它遵循一般市场营销的原则和程序，又具有特殊的内容和特点。旅游景区的经营必须面向市场，以市场为导向，在市场调研的基础上进行旅游市场细分及目标市场的选择和定位，树立可持续发展的营销思想，并采取正确的市场营销策略，对市场营销活动进行科学的管理，确保旅游景区持续的市场吸引力。旅游景区市场营销的步骤及具体内容见表7-1。

表 7-1　旅游景区市场营销的步骤及具体内容

序号	步骤	具体内容
1	分析市场机会	营销环境分析与市场调研、SWOT 分析法
2	STP 营销	市场细分（Segmentation）、目标市场选择（Targeting）、市场定位（Positioning）
3	确定市场营销策略	4Ps 策略、4Cs 策略、营销策略创新（主题营销、体验营销、网络营销等）
4	市场营销活动管理	市场营销计划、市场营销组织、市场营销控制等

7.2 旅游景区市场调查与目标市场营销

7.2.1 旅游景区市场调查

市场信息是旅游景区进行营销决策的基础，也是实施和控制营销活动的依据。旅游景区在获得充分的市场数据基础上，借助各种旅游信息处理技术，依据一定的预测方法对调查数据进行处理，可以对旅游市场需求动向、市场竞争情况等进行及时准确的把握。市场调查能摆脱个人因有限的经验而导致的主观臆断，能广泛获取与市场有关的信息，为景区营销管理科学决策提供依据。

7.2.1.1 旅游景区营销环境分析

旅游景区营销环境是指与景区营销活动有潜在关系，直接或间接影响旅游景区营销活动的所有外部力量和相关因素的集合，这些因素和力量往往是旅游景区难以控制的，是景区生存和发展的外部条件。

1. 景区营销环境的 SWOT 分析

SWOT 战略分析方法，是通过对被分析对象的优势（Strengths）、劣势（Weaknesses）、机会（Opportunities）和威胁（Threats）等加以综合评估与分析得出结论，通过内部资源、外部环境有机结合来清晰地确定被分析对象的资源优势和缺陷，了解自身所面临的机会和挑战，从而在战略与战术两个层面加以调整方法、资源以保障被分析对象的实行达到所要实现的目标。

(1) 营销内部环境的优势—劣势分析。

分析营销环境的优势与劣势，从游客的角度来说，如果旅游景区所提供的产品在质量、特色、形象、渠道的便利性等方面比其他景区更具有吸引力，说明企业在营销环境方面具有优势，否则便是劣势。

(2) 营销外部环境的机会—威胁分析。

分析营销环境的机会与威胁目的在于确定旅游景区有可能利用的市场良机和可能会影响旅游景区经营的市场威胁。市场营销环境机会是旅游景区的内外部环境中能对旅游业发展产生促进作用的各种契机，是旅游景区营销活动能够营利的有利条件。威胁则是指对旅游景区发展过程产生不利影响和抑制作用的发展趋势，它们对旅游景区形成了挑战。

(3) 营销环境SWOT分析应对策略。

研究SWOT各要素组合，制定相应的发展战略及对策等，SWOT分析法应对策略如图7-2所示。

处于在优势机会环境之下的企业，通常采用发展战略。这样既有企业内部的发展优势，又有外部环境的众多商机，抓住这一有利时机开拓市场，很容易成为同行业中的佼佼者。

图7-2 SWOT分析法应对策略

处于劣势机会背景下的企业，可采用稳定战略。尽管有众多发展机会，但企业本身没有太多的竞争优势，为了在市场上分得一杯羹，稳定现有市场最为关键。

多角化战略是企业在优势威胁环境下采取的战略，企业具有明显的竞争优势，但面临的风险也较大。只有集中优势进行品牌塑造，企业才能提高市场份额。

紧缩战略是企业以求自保的一种防御性战略。在面临内忧外患的形势下，企业只有缩减开支、节约成本、降低生产费用，才能在竞争激烈的环境中求得生存。

旅游市场的SWOT分析——以海南三亚亚龙湾景区为例

2. PEST宏观环境分析

PEST分析是指宏观环境的分析，P是政治（Politics），E是经济（Economy），S是社会（Society），T是技术（Technology）。通过这四个因素来分析旅游景区所面临的状况，并评价这些因素对景区营销战略目标和战略制定的影响。

政治因素是指对组织经营活动具有实际与潜在影响的政治力量和有关的法律、法规等因素。如2014年10月1日正式实施的《中华人民共和国旅游法》对于旅游景区的经营提出了具体要求，包括旅游景区管理尤其是景区营销应如何应对。

经济因素是指一个国家的经济制度、经济结构、产业布局、资源状况、经济发展水平以及未来的经济走势等。旅游经济环境调查主要了解旅游客源地经济发展状态、经济发展速度、游客可支配收入水平、物价水平和通货膨胀等情况;还要了解旅游景区所在地经济发展水平,交通、通信等基础设施供应状况。

社会因素是指组织所在社会中成员的民族特征、文化传统、价值观念、宗教信仰、教育水平以及风俗习惯等因素。旅游景区要对主要客源地游客的价值观、民族构成、宗教信仰、风俗习惯、审美观、受教育程度、职业等进行调查;也要对旅游景区所在地的风俗习惯进行调查。

技术因素不仅包括那些引起革命性变化的发明,还包括与企业生产有关的新技术、新工艺、新材料的出现和发展趋势以及应用前景。智慧旅游背景下的智慧景区该如何进行智慧营销这个问题对信息化新技术提出了更高的要求。

7.2.1.2 旅游景区市场调查的内容

旅游景区只有充分满足市场需求才能达到经营目标,对旅游市场需求调查是市场调查的核心内容,它涉及与当前和潜在游客有关的信息。其内容可用 5W1H 分析法表述。

(1)他们是谁(Who)——旅游目标市场。
(2)他们购买的原因(Why)——游客的旅游动机。
(3)他们来自什么地方(Where)——旅游客源地构成。
(4)他们什么时候来(When)——旅游的季节性。
(5)他们购买什么(What)——旅游偏好。
(6)他们如何购买(How)——旅游方式。

除此以外,旅游景区营销调研还要处理以下几个有关营销组合的基本情况:

(1)旅游景区产品调查:包括游客对旅游产品的需求特点、旅游景区旅游产品的市场占有率情况、旅游产品的改进或新产品开发、旅游产品组合、旅游产品所处的生命周期等。

(2)旅游景区价格调查:包括旅游景区门票、各项旅游产品及服务的定价情况,旅游景区产品的替代品供求和价格,旅游景区产品需求价格弹性以及新产品的定价策略等。

(3)旅游景区销售渠道调查:合适的销售渠道选择可以提高旅游景区的销售效率、降低销售成本,因此要做好销售渠道长度和宽度的调查、旅游中间商的调查。

(4)旅游景区促销调查:包括促销对象的调查、促销方式方法的调查、促销投入及效果的调查、人员推销的调查等。

市场调查通常分成三个阶段进行,即调查准备阶段、正式调查阶段和处理结果阶段,具体工作流程如图 7-3 所示。

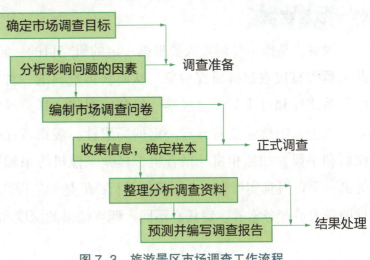

图 7-3 旅游景区市场调查工作流程

7.2.1.3 旅游景区市场调查的方法

市场调查方法的选择和技巧的运用直接关系到市场调研结果的可信度,因此调查了解旅游市场必须选用科学的方法。市场调查的方法多种多样,根据旅游景区的实际需要最常用的方法主要有文案调查法、询问调查法、观察法等。

1. 文案调查法

文案调查法又称文献调查法,即根据旅游景区经营需要对收集到的、与调查目的相关的各种二手情报信息进行分析、研究的调查方法。文案调查法是旅游景区进行市场调查的基础性工作,旅游景区在进行直接调查前,首先应收集现有二手资料,只有二手资料不能为解决实际问题提供依据时才进行直接调查,所以文献调查也作为现实资料的比较资料。尤其是当旅游客源地与旅游目的地相距甚远时,直接调查受限于时间和经费以及语言障碍时,文献调查显得轻松自如很多。旅游景区可以从官方、行业资料、内部资料、报刊资料几个渠道收集二手信息。

文案调查法具有不受时空限制、信息获取方便、调查费用低等优点,缺点在于无法收集市场的新情况,并且由于信息量大,甄别遴选工作要求相关工作人员具有较高的专业素养,而且收集到的资料一般不宜直接使用。

2. 询问调查法

询问调查法是指市场调查人员以口头或书面的形式询问被调查者,从调查对象的回答中获得信息资料的一种方法。被调查者可以是旅游景区内的游客、街头行人等随机的目标人群,也可以是专家、学者或单位员工等定向目标人群。询问调查法在实际应用中,按传递询问内容的方式以及调查者与被调查者接触的方式不同,有面谈调查、电话调查、网络调查、留置调查等方法。

3. 观察法

观察法是指市场调查人员根据一定的研究目的、研究提纲或观察表,用自己的感官和辅助工具去直接观察被研究对象,从而获得资料的一种方法。科学的观察具有目的性和计划性、系统性和可重复性。观察一般利用眼睛、耳朵等感觉器官去感知观察对象。由于人的感觉器官具有一定的局限性,观察者往往要借助各种现代化的仪器和手段,如照相机、录音机、显微录像机等来辅助观察。利用观察得到的第一手资料真实可靠,方法简便易行;但是无法得知游客的动机和态度,并且调查人员业务素养、责任心不同,调查结果的深度和广度也会有很大差别。

旅游客源市场
调查问卷

> **练一练**
>
> 全班学生分组，4~6人为一组，以嘉阳·桫椤湖景区为例，为其设计一份市场调查问卷。

7.2.2 旅游景区目标市场营销

在对旅游市场调查与预测的基础上，旅游景区需要进行目标市场营销，目标市场营销又称STP战略，是旅游景区识别各个不同的游客群体，并选择其中一个或几个作为目标市场，然后运用适当的市场营销组合，集中力量为目标市场服务，满足目标市场的需要。旅游景区需要对整个市场进行细分、选择目标市场并进行市场定位，三个环节缺一不可，环环相扣。STP战略是旅游景区营销战略的核心，也是营销管理的关键。

7.2.2.1 旅游景区市场细分

1. 旅游景区市场细分的概念

市场细分是美国市场营销学家温德尔·斯米斯20世纪50年代中期提出的。主要有两个依据，即游客需求的异质性和企业资源的有限性。在我国的旅游市场细分研究中，多数学者关于市场细分概念的研究趋于一致。赵西萍（2003）等认为，市场细分实际上是根据游客的需要和欲望、购买态度、购买行为特征等不同因素划分市场的行为过程；王洪滨（2004）指出游客需求的差异性是市场细分的关键；张俐俐（2004）强调细分就是划分游客群的过程；苟自钧（2005）综合上述观点，指出市场细分的出发点是从区分游客的不同需求，然后根据游客购买行为的差异性，把整体旅游市场分成两个或两个以上具有类似需求和欲望的游客群体。市场细分的目的是进行更为有效的市场竞争，并针对不同的市场提供不同的游憩机会。传统的市场细分包括地理细分（游客区域、城镇规模等）、社会经济和人口学细分（教育、性别、年龄、职业等）、心理学细分（社会阶层、生活方式等）和行为细分（旅游动机等）。市场细分的目的在于识别出未来可能的目标市场（Target Market）。

旅游景区市场细分是从旅游消费者的需求差异出发，根据旅游消费者消费行为的差异性，将整个旅游景区市场划分为具有类似性的若干不同的消费群体——子市场，并据此选择有发展潜力的子市场，作为旅游业发展的目标市场的过程。

对旅游景区市场进行细分有利于识别和发掘旅游市场，开发旅游新产品，开拓旅游新市场；有利于有针对性地制定和调整旅游市场营销组合策略；有利于旅游企业优化资源配置和取得良好的经济效益。

2. 旅游景区市场细分的原则

（1）实效性原则。

旅游景区市场细分的范围大小必须合理，即细分市场的规模大小应该适当，既要保证有利可图，又要具有相当大的发展潜力。

（2）可衡量性原则。

用来划分旅游景区市场的标准必须是可以确切衡量的，因此必须对游客各方面的旅游消费需求进行全面、准确的了解，以使划分标准准确合理。

（3）稳定性原则。

旅游景区市场细分必须在一定的时期内保持相对稳定，不能经常变化，以便能在较长的时期内制定有效的营销策略。

（4）可接受性原则。

在进行旅游景区市场细分时，应根据旅游景区的具体情况选取调研活动的范围，选择有效的目标市场。

（5）差异性原则。

按照不同标准进行的分类结果中，不同细分类之间要存在一定性质的差别。

（6）相似性原则。

分类结果中的同类市场之间要体现性质的相关性、类似性。

3. 旅游景区市场细分的标准

旅游景区市场细分的标准是指影响游客旅游需求欲望和消费行为，从而形成群体差异的因素。引起游客需求差异的变量很多，旅游景区一般是组合运用有关变量来细分市场，而不是单一采用某一变量。概括起来，细分游客市场的变量主要有四类，即地理变量、人口变量、心理变量、行为变量。以这些变量为依据来细分市场就产生出地理细分、人口细分、心理细分和行为细分四种市场细分的基本形式。

（1）地理细分。

地理变量是旅游景区市场细分的基本变量，它主要根据游客所居住的地理位置以及其他地理变量（城市、农村、环境、气候等）对市场进行细分，从而确定目标市场，是大多数旅游企业采取的主要标准之一，这是因为这一因素相对其他因素表现得较为稳定，也较容易分析。

（2）人口细分。

地理细分解释了处于不同地理位置、气候、地形条件下游客需求的差异。居住在同一地理位置的游客的需求差异，需要用人口因素进行区分。人口细分是按照人口变量（年龄、性别、收入、职业、教育水平、家庭规模、家庭生命周期等）来细分游客市场。

（3）心理细分。

在地理环境和人口状态相同的条件下，游客之间存在着截然不同的消费习惯和特点，这往往是游客的不同消费心理的差异所导致的。根据游客所处的社会阶层、生活方式、个性特点等心理因素细分市场就称为心理细分。尤其是在比较富裕的社会中，消费心理对市场需求的影响更大。所以，消费心理也就成为市场细分的又一重要标准。

（4）行为细分。

行为因素是细分市场的重要标准，特别是在商品经济发达阶段和广大游客的收入水平提高的条件下，这一细分标准越来越显示其重要地位。不过，这一标准比其他标准要复杂得多，而且也难掌握。行为细分也是一种较深入的细分方法，若与心理细分结合起来，分析效果将更好。行为细分依据游客购买行为的分类和差别，可以从购买时机、利益要点、使用状况、更新频率以及态度、忠诚度等具体标准出发，将总体市场逐一分解。

4. 旅游景区市场细分的基本步骤

（1）认清旅游景区的经营目标。

（2）了解游客的愿望和需求。

（3）选定恰当的细分标准，对旅游景区市场进行初步细分。

（4）对初步细分的旅游景区市场进行合并或分解。

（5）细分旅游景区市场的主要特点分析。

（6）估计各个细分市场的发展潜力，选定目标市场。

市场细分的目的在于有效地选择目标市场。一般来说，旅游景区的目标市场是准备在其中从事的经营活动的一个或几个特定的细分市场。旅游景区的市场细分与目标市场的选择既有联系，又有区别。旅游景区的市场细分是按一定标准划分不同游客群体的过程；而目标市场的选择是旅游景区选择细分市场的结果和做出经营对象决策的过程。旅游景区目标市场的选择是在市场细分的基础上进行的。

7.2.2.2 旅游景区目标市场选择

在依据一定标准对旅游市场进行细分后，旅游景区必须结合自身资源条件、旅游客源和旅游品牌进行目标市场选择及市场定位，并制定和实施相应的营销组合策略。

1. 评估细分市场

（1）分析细分市场的规模大小和发展潜力。

旅游景区进行市场细分的目的就是要从中选出景区的目标市场，只有具有一定市场规模或者具有一定发展潜力的细分市场才可以作为旅游景区的目标市场。旅游景区通过规划设计开发一种旅游产品，一方面，是为了满足一定的市场需求；另一方面，则是要创造一定的收益，而创造收益的前提就是要保证旅游景区产品的销售量,即一定规模的市场需求。当然,如果一个市场其当前规模比较小,但具有相当大的发展潜力,同样可以考虑将其作为目标市场。

(2)分析细分市场的结构吸引力。

细分市场的吸引力,就是对威胁旅游景区长期营利的主要因素做出评估。根据迈克尔·波特在《竞争优势》中的五力模型,可以将这些因素划分为如下内容:细分市场内同行之间是否存在激烈的竞争;细分市场是否会吸引新的竞争者;细分市场上是否存在代替产品;购买者讨价还价的能力是否增强;供应商讨价还价的能力是否增强。

(3)分析细分市场是否与企业的经营目标和资源条件相吻合。

能够选为目标市场的细分市场,除了满足前述两个条件外,还必须与旅游景区的目标和资源能力相符合。某些细分市场虽然有较大的吸引力,但如果不符合旅游景区的长远目标,也只能放弃。因为这些细分市场不能推动旅游景区完成自己的目标,甚至会分散旅游景区的精力,影响主要目标的完成。即使这个细分市场符合旅游景区的目标,旅游景区还必须考虑是否具备获取该细分市场所需要的技术和资源。如果景区在该细分市场中的某些方面缺乏必要的能力,也只能放弃该细分市场。如果旅游景区在各方面均已经具有在该细分市场获取成功所具备的技术和资源条件,还必须考虑这些能力和竞争者比较是否具有相对优势。如果旅游景区无法在该细分市场具有某种形式的相对优势,那么就意味着在竞争中失利,这种细分市场就不宜作为目标市场。

若要选择目标市场,除了对细分市场进行评估,还要从旅游景区方面进行评估分析,从旅游景区的区位、资源、成本、销售潜力、服务能力、竞争等方面对细分市场进行分析,找出旅游景区的优势、劣势、机会和威胁(SWOT分析法),进行综合考虑,选出能体现自身优势、弥补自身劣势、机会最大、威胁最小的市场。

2. 景区目标市场的选择

(1)无差异市场营销策略。

无差异市场营销策略,又称为整体市场策略,旅游景区不考虑市场内游客的需求差异,而只强调他们的共性,将整体市场视为一个同质的目标市场,不进行市场细分,只推出一种产品、一种价格、一种促销方式供给整个市场。我国旅游业在起步阶段,旅游景区推出的产品大都是观光旅游项目,采用的就是这种营销策略。

(2)差异性市场营销策略。

差异性市场营销策略就是根据游客的不同需求特点,将整体市场分成若干个细分市场,然后针对每个目标市场,制定不同的营销计划和办法,以充分适应不同游客的不同需求,吸引各种不同的购买者,从而扩大旅游景区产品的销售量。

(3)集中性市场营销策略。

集中性市场营销策略,又称为密集性市场营销策略,是旅游景区在细分市场的基础上,选择一个或少数几个有利的细分市场作为自己的目标市场，集中全部营销力量，实行专业化经营，满足某些特定市场的消费需求。这种策略对于经济实力不够强、处于市场开拓初级阶段的旅游景区更为适用。

7.2.2.3 旅游景区市场定位

1. 旅游景区市场定位的含义

旅游景区市场定位，就是旅游景区根据目标市场上同类产品竞争状况，针对游客对该产品某些特征或属性的重视程度，为本旅游景区塑造强有力的、与众不同的鲜明个性，并将其生动形象地传递给目标游客以赢得认同的一系列行动，成功的市场定位可以让旅游景区与其他竞争性景区严格区分开来，并让游客认识到这种差别的存在，从而在游客心目中占据特殊的位置。也就是旅游景区要进行准确而细化的市场定位，以客源市场的现实和潜在需求为导向，去发现、挖掘、评价、筛选和开发旅游资源，提炼旅游景区开发主题，设计、制作和组合旅游产品，推向旅游市场进而引导市场、开拓市场。

前述的市场细分和目标市场选择是旅游景区找准游客的过程，而市场定位是旅游景区赢得游客青睐的过程。成功的旅游景区市场定位可以树立起旅游景区的市场形象，增加旅游景区识别度，避免旅游景区间的恶性竞争，更能让游客体验到独特的、富有个性的旅游景区产品。

2. 旅游景区市场定位的方法

（1）综合定位法。

综合定位法是一种普遍采用的旅游主体形象设计类型，主要适用于文化元素比较宽泛的区域。当然，综合定位并非不要特色，只是在选择旅游形象定位点时，更具概括性，进而从更高层面体现旅游地的旅游特色。如杭州宋城景区就巧妙用"给我一日，还你千年"的综合形象俘获人心，吊足游客胃口，从而使其产生旅游动机，渴望一探究竟。

（2）领先定位法。

领先定位法是指在游客心目中树立市场领导者的形象，适用于独一无二或无法替代的旅游资源或产品。在众多同质化的资源中能够占据第一位是不可多得的。第一位是根据游客各种不同的标准和属性建立形象阶梯，通过对资源进行分析比较后确定的领先位置。例如杭州西湖"天下湖，看西湖"的形象定位，瞬间传达给游客的是世界第一湖的品牌形象。这种第一品牌形象，使西湖永远有别于其他湖泊，"第一印象"会永远根植在游客的脑海中。再如千岛湖的"天下第一秀水"、平遥的"华夏第一古县城"。

有的景区为了吸引市场注意，在旅游宣传形象设计上不惜建立市场区隔，抬高自己，贬低对手，这样不仅达不到应有的宣传效果，而且失去了自身的特点和优势。适度提升和点化本无可厚非，但如果过于目空一切、言过其实，则触犯了广告文案设计中的基本禁忌。例如，对于"感受黄山，天下无山"，网友早有非议，尽管此语出自"黄山归来不看岳"，但此广告"太焦躁、太狂妄、太没有品位，也与中国和谐文化背道而驰"，使得各山岳景区不服，游客不满。三山五岳各有千秋、各领风骚，游客各有所需、各有所爱，怎能以一概之？这样的形象设计毫无意义。

（3）比附定位法。

比附定位法是一种"借光"的定位方法。该方法借用著名旅游景区的市场影响来突出、抬高自己。能够与较高级别的同质化资源并驾齐驱当然是不错的选择。比附定位法就是借壳上市、借船出海，通过比拟名牌、借用著名旅游景区的市场影响来设计和传播旅游形象。比附定位法避开第一位，抢占第二位，看似退而求其次，实际是以退为进。

> **知识拓展**
>
> **比附定位法成功案例**
>
> 三亚定位为"东方夏威夷"，由于与美国夏威夷形成区位间隔，尽管在各方面都不可比拟，但对东半球游客仍很有诱惑性；苏州乐园的"迪士尼太远，去苏州乐园"，由于迪尼斯乐园在中国的稀缺性和知名度，对国内游客是相当有吸引力的；宁夏的"塞上江南，神奇宁夏"是双面性的定位，对江南说塞上风光，对江北说江南水乡，两面买好，没有遗漏；腾冲的"中国的北海道"则借北海道的知名度，传播了温泉的自然特色，南方游客不用跑到北方去，国内的游客不用跑到国外去。

（4）依托定位法。

依托定位法是依托效应来塑造旅游景区形象的方法。名人、名句、著名事物、权威评价等本身就有较好的传播深度和可信度，稍加改进或直接"拿来主义"，即可收到很好的宣传效果。

（5）逆向定位法。

个别旅游景区不具备唯一性，第一、第二没法争，效应也没法依托，干脆采用逆向定位法，反其道而行之，负负得正，目的就是出名。逆向定位法是从心理上突破常规，打破游客一般思维模式，以相反的内容和形式来塑造旅游形象，同时搭建一个新的易于为游客接受的心理形象平台。逆向定位法运用在旅游领域，就是避开与强有力竞争者直接对抗，设计和提供该旅游市场上目前没有的特色旅游产品。它所强调和宣传的定位对象一般是游客心中第一形象的对立面，正所谓剑走偏锋，歪打正着。这种设计方法可以在被其他旅游景区遗忘的市场角落迅速站稳脚跟，于夹缝中求生存，并能在游客心目中较快树立良好的形象。例如，河南林虑山风景区以"暑天山上看冰堆，冬天峡谷观桃花"的奇特景观征服市场；宁夏镇北堡影视城推出的主题定位就是避开繁华，"出售荒凉"；加拿大的广告语是"越往北，越使你感到温暖"。

（6）类型定位法。

类型定位法是根据旅游地总体特征或某一种旅游地的属性将自身定位于某一类旅游地的定位方法。类型定位法是根据类型、风格、特色等对比要素来表明特点。此方法适用范围很

7.2 旅游景区市场调查与目标市场营销

广，因为旅游地所属分类是所有旅游地形象都需要表明的信息，也是公众必须获取的旅游地信息。例如，长城属于古建筑旅游地，青城山属于宗教旅游地，黄山属于山岳型旅游地，都需要通过一定的语言表达出来。如"问道青城山"说明了该处属于道教旅游胜地，"生态王国"说明了该处属于生态旅游胜地，"佛教圣地""泉城""水城""江南水乡""湿地公园""地质公园""生态乐园"等语言都具有表述类型的功能，只要用一定的语言传达这些信息，旅游地特色也就很明确了，未必所有的旅游地都要抢占领先位置。一旦明确所属类型，旅游地的特色也就被游客所了解了。

旅游景区针对目标市场的形象定位常概括为一句主题性的宣传口号。这句口号要能反映一个旅游景区的独特性、差异性和深厚文化内涵，还要有领先性和新奇性，能引导游客的想象，能适应一个阶段旅游需求的热点主题和潮流。此外，还要能满足人们对美的追求，要比较亲和，不能过于居高临下、自我陶醉。口号应符合营销传播原则，文字精炼、朗朗上口、容易被游客记住，给人留下深刻的印象。

案例分析

嘉阳·桫椤湖旅游景区创建国家5A级旅游景区提升规划——资源吸引力提升

以"民族工矿记忆，桫椤森林秘境"为主题形象，依托景区"双绝"资源，实施"两步走"战略，打造"世界工业文化遗产"和"国家桫椤公园"两大顶级资源品牌，提升旅游景区资源吸引力，强化旅游景区主题特色魅力，延伸旅游景区品牌价值，拓展旅游景区旅游产品，将旅游景区打造成为中国工矿文化遗产体验与桫椤秘境休闲度假旅游目的地，最终成为中国绿色矿山瑰宝、世界工业遗产、国家桫椤公园，华丽转身经典，如图7-4所示。

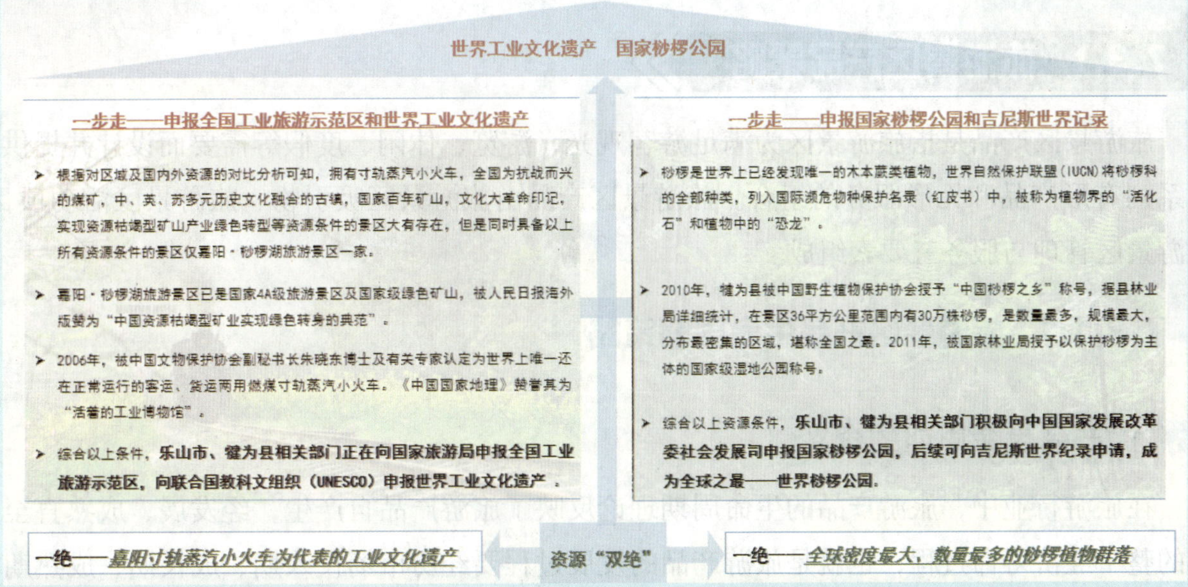

图7-4 嘉阳·桫椤湖旅游景区创建国家5A级旅游景区提升规划（一）

嘉阳·桫椤湖景区形象定位的依据是什么？采取的是什么定位方法？

7.3 旅游景区营销组合策略

市场营销策略的发展大体经历了四个阶段：以生产为导向的4Ps策略阶段；以消费者需求为导向的4Cs策略阶段；以竞争为导向的4Rs策略阶段；以培养和构建企业核心竞争力为着眼点的4Vs策略阶段，如图7-5所示。其中"4Ps"是应用最为广泛、最为基础的营销策略组合，在旅游景区营销中也起着非常重要的作用。一次成功和完整的市场营销活动，意味着以适当的产品、适当的价格、适当的渠道和适当的促销手段，将适当的产品和服务投放到特定市场的行为。

分析旅游景区STP营销——以宜昌西塞国森林公园为例

图7-5 市场营销策略的四个发展阶段

7.3.1 旅游景区产品策略

旅游景区产品是指旅游景区为满足游客观光、游览、休闲、度假等需要而设计并提供的一系列有形产品和无形服务的组合。旅游景区产品由旅游景区吸引物、旅游景区活动项目、旅游景区管理与服务三要素组成。

7.3.1.1 旅游景区产品生命周期策略

1. 产品生命周期的含义

在旅游行业中，旅游产品的生命周期理论反映了旅游产品自产生，经发展、成熟直至衰退的整个经济寿命过程，也就是旅游产品的发展过程要经历市场投入期、成长期、成熟期和衰退期四个阶段，如图7-6所示。一个旅游景区推出的各种旅游产品的生命周期状态的总和直接反映该旅游景区的旅游发展情况。

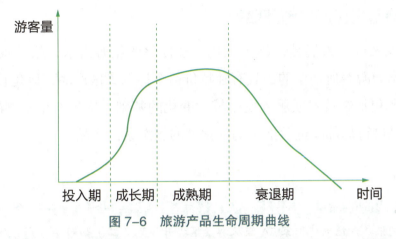

图7-6 旅游产品生命周期曲线

旅游产品生命周期是旅游产品一般的发展规律,但是并非所有的旅游产品都表现出理想化的生命周期。不同的产品其生命周期是不同的,其生命周期所经历的阶段也可能不同。一些具有独一无二特质的旅游景区,其特点和文化内涵处于垄断地位,不可复制,如北京八达岭长城、杭州西湖、西安秦始皇陵兵马俑等旅游景区产品的生命周期就可能较长。

2. 旅游景区产品生命周期各阶段特点及其营销策略

旅游景区产品的营销历经数个不同的阶段,须采用不同的营销策略和措施,具体如表7-2所示。

表7-2 旅游景区产品生命周期各阶段特点及其营销策略

生命周期阶段	旅游景区产品营销特点	旅游景区产品营销策略
投入期	游客对产品缺乏了解;旅游景区产品的投资额大,销售额低,利润小;市场竞争者少	(1)进行旅游产品的宣传 (2)制定一个合理的价格
成长期	旅游景区产品日趋成熟,且基本上被市场所接受;生产成本和销售费用下降,利润增加	(1)根据旅游景区产品反馈信息,进一步完善和改进旅游景区产品 (2)加强旅游景区产品促销
成熟期	旅游景区产品广为游客所接受;需求量趋于饱和,销售增长趋缓	(1)寻求新项目 (2)寻找新的市场机会 (3)对原有旅游景区产品进行重组
衰退期	销售量急剧下降,利润迅速减少	(1)立刻放弃 (2)逐步放弃 (3)自然淘汰

旅游景区生命周期现象的实质是旅游景区产品供求关系的一种描述性反映。它反映了在一定时期内旅游景区旅游产品的供求情况,并通过到旅游景区的游客的人次、旅游景区的旅游收入状况、景区的自然及人文环境的变化等因素表现出来。

旅游景区产品开发的重要目的就是要促使旅游景区保持吸引力,延长旅游景区发展稳定期,防止衰落期的到来,或者在衰落期到来之前就开发好换代新产品。

旅游景区产品的开发应该以市场为导向,生产一代、预留一代、研发一代,形成阶梯,使其更替顺利进行,延长旅游景区的生命周期。

7.3.1.2 旅游景区产品创新策略

随着旅游的发展以及人们越来越个性化、多样化的旅游需求，旅游景区产品应不断升级、创新，开发出为游客所期望的、具有独特价值个性的景区产品，以延长其生命周期。旅游景区产品创新既包括在技术或服务发生较大变化的基础上推出的全新型的旅游景区产品，也包括对现有产品进行局部改进后推出的优化型的旅游景区产品。

案例分析

嘉阳·桫椤湖旅游景区创建国家5A级旅游景区提升规划——旅游产品提升

嘉阳·桫椤湖旅游景区创建国家5A级旅游景区提升规划（二）如图7-7所示。

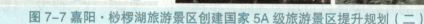

图7-7 嘉阳·桫椤湖旅游景区创建国家5A级旅游景区提升规划（二）

> 试一试
>
> 如果有机会亲身体验嘉阳·桫椤湖景区小火车，你还能为该项旅游景区产品进行创新吗？

7.3.2 旅游景区价格策略

价格策略，是旅游景区营销工作的重要方面。它既是能体现为收入的核心营销要素，又是市场竞争的有效手段。价格策略运用得当，景区的市场份额和盈利率能够大幅提高；价格策略运用不当，景区的目标市场就会出现动荡，甚至产生严重的市场后果。

7.3.2.1 影响定价的主要因素

1. 成本因素

成本是旅游景区产品定价的基础，是构成旅游景区产品价值和价格的主要组成部分。这些成本包括用于建筑物、交通运输工具、各种设备、设施及原材料等物质的耗费和旅游从业人员服务的劳动报酬。若要使总成本得到补偿，价格不能低于平均成本费用。旅游景区产品的成本是旅游企业核算盈亏的临界点，是影响旅游景区产品价格最直接、最基本的因素。

2. 市场供求关系

产品的价格由价值决定，但也会随着市场供求关系的变化围绕着价值上下波动。景区产品也同样适合价值规律。当旅游市场上某一产品的供求关系发生变化时，旅游景区的产品也要相应发生变化。一般来说，在旅游旺季，旅游景区产品供不应求，价格呈现出上涨的趋势；而在旅游淡季，景区产品供过于求，价格下降。

3. 企业营销目标

旅游景区营销目标的制定与旅游景区产品的价格密切相关。针对不同的营销目标，旅游景区应该采取不同的价格策略。旅游景区定价目标有利润导向目标、销售导向目标和竞争导向目标三种。在现实生活中，旅游景区总是根据不断变化的市场需求和自身实力，调整自身营销目标和产品价格。

除此之外，影响旅游景区定价的因素还有消耗成本、开发成本、垄断与稀缺性等几个方面，如图7-8所示。

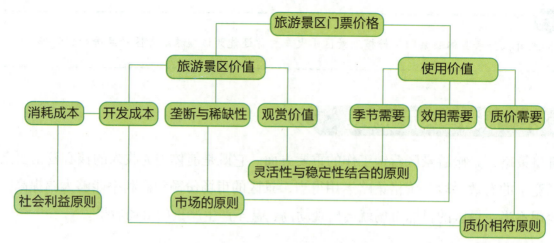

图 7-8 旅游景区门票价格影响因素组成

7.3.2.2 产品定价方法

从营销理论来讲，定价决策是为实现市场目标服务的，它跟企业的经营战略密切相关。通过前面的分析，旅游景区产品的定价受到多种因素的影响，尽管目前政府干预影响着旅游定价，但随着竞争的日益激烈，旅游景区经营主体的价格决策越来越需要充分考虑市场因素。因此，旅游景区产品定价的方法主要有成本导向定价、竞争导向定价和需求导向定价。

1. 成本导向定价法

成本导向定价法是指以旅游景区的成本为基础来制定旅游景区产品价格的方法，成本加上旅游景区的盈利就是旅游景区产品的价格。具体又可以分为以下几种：

（1）成本加成定价法。

成本加成定价法是以单位产品成本加上市场平均利润率来确定产品的价格。其计算公式为：

$$单位产品价格政策 = 单位产品成本 \times (1 + 平均利润率)$$

（2）收支平衡定价法。

这种方法是以保本不保利为原则，计算出总成本与总收入相等时的价格作为旅游景区产品价格。其计算公式为：

$$单位产品价格 = 固定总成本 / 预计销售量 + 单位变动成本$$

（3）目标收益定价法。

这种定价方法的目的是在分析需求、成本、收入和利润之间关系的基础上，力求获得适当的利润来弥补投资成本。定价时，首先要明确目标收益率和目标利润，然后预测总成本和销售量，最后确定出产品的价格。其计算公式为：

$$单位产品价格 = (总成本 + 目标利润额) / 预期销售量$$

2. 竞争导向定价法

这种定价方法是以竞争对手的产品价格为定价的基本依据，并结合自己产品的竞争能力制定出有利于市场竞争的价格，主要分为以下三种：

（1）率先定价法。

率先定价法是指旅游景区采取率先定价的姿态，制定出符合市场需求的价格，并能在竞争激烈的市场中获得良好经济效益的方法。

旅游景区选择高价策略，必须随时关注消费者对于旅游景区产品及其相关服务的满意度，妥善处理好旅游景区和旅游经销商之间的利益平衡关系。此外，国有旅游景区具有准公共资源的属性，如果定价过高，超过了人们心理承受的极限，则有可能遭到市场的反弹，甚至引发政府干预。

（2）随行就市法。

随行就市法是指旅游景区为了适应竞争激烈的环境，为了维持企业生存而采用的一种价格策略。这种方法是按照行业内的平均现行价格水平进行定价，不仅可以体现整个行业的总体价格水平，而且可以满足企业对平均利润的追求，避免同行的恶性价格竞争，对经营能力较弱的旅游景区较为有利。

（3）竞争价格定价法。

竞争价格定价法是指旅游景区利用价格因素主动出击，通过竞争获取盈利的一种定价方法。采用这种方法定价首先要了解竞争对手的价格策略和方法，然后把本旅游景区的产品与竞争性产品进行分析、比较，找出优势，作为制定攻击性价格的武器，最后根据上述的竞争形势和竞争有利条件，制定出本企业的产品价格。其多为实力强或产品具有特色的旅游景区所采用。

3. 需求导向定价法

需求导向定价法是以市场的需求程度和消费者的感受为依据的定价方法，主要包括需求差异定价法和认知价值定价法两种。

（1）需求差异定价法。

需求差异定价法是指旅游景区针对不同的旅游细分市场在不同时间、不同地点，根据对价格的敏感程度，给相同成本的同一产品制定不同的价格，以优化旅游景区的游客群，实现利润最大化。其主要有以下几种形式：游客差异、形式差异、时间差异和地点差异。

（2）认知价值定价法。

认知价值定价法又名理解价值定价法，是以游客对旅游景区的认知价值来制定价格。这种对产品的认知价值是指其基于自身需要的迫切程度、支付能力及市场供给的认识，在各种产品信息影响下所产生的对某一特定产品价格的承受能力。游客对产品的理解价值会影响其购买决策。若产品价格符合其认知，则会做出购买的决定；若不符合，则会拒绝购买。要成功运用此方法，关键在于准确估算消费者的产品认知价值。如具有历史文化底蕴的各地博物馆，对于有这方面知识的游客而言是价值连城的；反之，对于在这方面无兴趣的游客来说，却毫无价值可言。

7.3.2.3 旅游景区定价的常用策略

1. 利润导向下的高价策略

这种策略适宜用在处于完全垄断地位的有相当知名度的旅游景区产品上，它们是独一无二的、完全垄断型的旅游产品，且均已经有相当高的知名度，不存在靠低价拓展销售量的问题，完全具有实施高价策略的条件和优势，适宜撇脂定价。比如九寨沟景区，票价曾高达310元（门票220元+游览车90元），但是国内外游客仍然络绎不绝。

2. 销售导向下的低价策略

该策略适宜于旅游景区产品的成长期和衰退期。旅游景区产品的成长期，知名度不高，游客对产品不了解，适宜用较低的价格来吸引游客，扩大销售量，达到迅速占领市场的目的。无锡的灵山大佛景区，在这方面就做得很成功。当地政府在旅游景区二期工程中投入巨资，使旅游景区品质得以大幅提升。其门票价格历经两次提价，仍然控制在百元以内（从35元涨到68元，再涨到88元），实现了市场份额和盈利率的同步增长。

3. 竞争导向下的价格策略

竞争导向下的价格策略是旅游景区经营者广泛收集资料，把自身产品的质量、特点和成本与竞争对手的旅游景区产品进行权衡比较，以对旅游景区产品价格有决定影响力的竞争对手或市场领导者的价格为基础，采取高于、等于或低于竞争对手的价格出售本旅游景区的旅游产品。

处于行业领导地位的旅游景区，可借助其品牌形象好、市场销售能力强的优势，使旅游景区产品价格超过同类旅游景区产品的价格水平。高价不仅符合其精品定位市场目标，也与稳定价格、维护市场形象的定价目标一致。

对于具有向领导者挑战的实力但缺乏品牌认知度的旅游景区产品，适宜以更好的旅游服务、更低的价格将看得见的优惠让利于游客，以期促进销售，扩大市场占有率。

对于新进入市场的特色性不强的旅游景区产品，则可选择当时市场同类产品的平均价格。

4. 游客差别定价策略

游客的价值感知同游客购买之前的消费期望、消费过程以及个人需要等有关，不同市场的购买力、欣赏水平、需求程度等各种因素不一样，造成了游客的消费期望、消费过程以及个人需要都不一样。所以，相同价格给不同市场带来不一样的价值感知，不同价格给相同市场带来不一样的价值感知。目前，大部分旅游景区都会针对不同游客的性质采取差别定价，比如散客价与团队价，针对特殊群体（老年人、军人、教师、儿童等）的优惠价。

5. 折扣定价策略

折扣定价策略是旅游景区在某些特殊时节，比如节假日、旅游淡季等，为了鼓励游客大量购买、淡季购买，而采取的向游客或中间商让利减价的一种策略。其主要策略有数量折扣、季节折扣、同业折扣、支付折扣等。

7.3.2.4 旅游景区合理定价的建议

（1）从认识上重视，杜绝乱征收，以人为本。
（2）从制度上约束，健全法律，规范程序。
（3）从财政上扶持，有的放矢，保证重点。
（4）从产品上丰富，策划营销，全盘发展。

7.3.3 旅游景区渠道策略

7.3.3.1 旅游景区营销渠道的含义

旅游景区营销渠道是旅游景区旅游产品从旅游景区向游客转移过程中所涉及的一切组织和个人，它是产品所有权发生转移的通道。营销渠道是一种非常典型的分销制渠道，随着信息化时代的到来，旅游景区只有进行渠道多样化的建设，才能在竞争激烈的市场占据一席之地。

7.3.3.2 旅游景区营销渠道策略

1. 直接分销渠道策略

直接分销渠道策略即旅游景区经营主体选择通过本身将自己的产品传递给游客的一种策略。比如旅游景区通过自己的旅游景区门口售票部销售自己的产品，或通过在其他地点投资设立办事处、接待处或售票处的方式来自行销售本景区产品等。

2. 间接分销渠道策略

间接分销渠道策略即旅游景区经营主体选择通过分销商将自己的产品传递给游客的一种策略。旅游景区根据自身经营状况和市场状况，可理性选择密集型、选择型或独家分销三种间接分销渠道策略。

（1）密集型分销渠道，是指旅游景区在客源市场范围内，广泛地通过许多旅游中间商来销售产品。这种策略的优点是可以扩大旅游景区产品的市场范围和销售量。

（2）选择型分销渠道，是指旅游景区在某一地区仅仅通过少数几个精心挑选的、最合适的中间商推销其旅游景区旅游产品。选择型分销渠道策略关键在于选择实力强大、专业知识丰富、声誉信誉良好、销售能力强、服务上乘、配合态度好的旅游中间商，和他们建立较为固定的市场合作关系。

（3）独家分销，是指旅游景区在一定市场区域内仅选用一家经验丰富、信誉卓著的旅游中间商来销售景区旅游产品。此种策略的特点是旅游景区产品生产商和中间商协作关系密切，利益容易协调，中间商易于配合和控制，但销售覆盖面较小，缺乏灵活性，所以特别适合于一些特殊的高价旅游产品。

3. 网络渠道策略

网络渠道主要包括OTA线上平台代理渠道和旅游景区自媒体渠道。

OTA（Online Travel Agency，在线旅行社），是旅游电子商务行业的专业词语。OTA线上平台代理渠道是旅游景区入住OTA平台，依托大型的在线旅游服务企业（如携程旅游网、驴妈妈网、同城旅游网等）进行旅游景区产品的销售。随着信息技术的不断发展，OTA线上平台代理渠道已经是一个非常成熟的营销渠道，对旅游景区而言非常有优势：第一，可以摆脱以往过分依靠分销商的营销模式，增加旅游景区销售渠道；第二，OTA完全是数据化运作，在OTA平台上可以积累丰厚的品牌效应，沉淀旅游景区好评数据，有利于旅游景区品牌成长。

旅游景区自媒体渠道，不仅是建设旅游景区官方网站，还应该建设自己官方的微博、微信、抖音等账号。另外，还要随时关注自媒体动态，及时对游客提出的问题以及出现的状况进行解答辨析，将旅游景区的官方营销平台变成与游客快捷方便的互动和服务的平台，嘉阳·犍为湖景区官方网站如图7-9所示。

图7-9　嘉阳·犍为湖景区官方网站

7.3.3.3 旅游景区营销渠道管理

1. 纵向营销

不同层次的代理机构进行纵向联合营销；将旅游景区、旅行社、地接、媒体等一个旅游景区线路整合推广营销合作。

2. 横向营销

旅游景区与旅游景区进行抱团整体性营销；联合周边旅游景区共同开发某一指定市场区域，主要以资源打包的营销活动形式联合旅行社共同开展营销活动。

3. 激励机制

（1）价格优惠。

团队价、套票价、旺季活动价、淡季价、推广价等。

（2）上量返佣。

设立等级，按输送游客数量来给予不同比例的返佣。

（3）共同开发市场，给予独家价格。

旅游景区联合旅行社一起开发某一区域的市场，给予旅行社独家的分销政策。

7.3.4 旅游景区促销策略

7.3.4.1 旅游景区促销的含义

旅游景区促销是旅游景区通过一定的传播媒介，将旅游景区及旅游景区产品的信息传递给游客，促使其了解、信赖本旅游景区的产品，同时激发游客的购买欲望与兴趣，达到其购买旅游产品的目的。旅游景区促销实质上就是旅游景区营销者和消费者之间的一种信息沟通。

促销的目的是引发、刺激游客产生购买行为。在游客可支配收入既定的条件下，游客是否产生购买行为主要取决于游客的购买欲望，而游客购买欲望又与外界的刺激、诱导密不可分。旅游景区促销正是针对这一特点，通过各种传播方式把景区信息传递给游客，以激发其购买欲望，促使其产生购买行为。

7.3.4.2 旅游景区促销常用策略

旅游景区营销工作的核心是与游客沟通信息并与其建立更加长期而稳固的关系。充分的沟通是旅游景区与游客建立长期稳定关系的前提，是实现长期拥有游客的目标的保证。旅游景区需要持续性地综合运用各种促销策略，不断地给游客充分的信息刺激，从而促进游客做出购买决策和重复购买,具体如表7-3所示。

表7-3 旅游景区促销策略的运用

传播方式	特点与要求	具体途径
广告	花费高,要有创意、新奇、具有亲和力	客源地报纸、旅游刊物、休闲杂志;广播电视;交通要道树立大幅广告、灯箱广告
公共关系	费用低、可信度高、需要长期培养	宣传性公关:通过传媒采用新闻稿、调查等方式传播品牌信息;赞助性公关:参加公益活动、重大社会活动、支持福利事业;危机性公关:针对景区品牌危机进行的宣传与挽救活动
直销	目标明确、真诚沟通、重视游客的反馈	参加旅游交易会、推介会;对旅行社、党政机关、工会、学校、大中型企业、社会团体登门拜访;对重点客户直接进行电话销售或发送电子邮件
促销	有新意、重品质、形式多样化、激发游客的兴趣	赠送免费礼品、海报、宣传册等;开展优惠促销:打折卡、贵宾卡、有奖销售等;举办形式多样的旅游节庆活动与主题宣传活动;邀请名人担任形象大使
互联网	快捷高效、方便查询、资料翔实、真实可靠	建立旅游景区官方旅游网站、微博、微信公众号;在门户网站和各大旅游专业网站、热点旅游论坛上发布景区信息;重视搜索引擎查询;发展旅游电子商务和网上预订功能
联合营销	花费较高,有共同目标,让利游客	两个或两个以上的营销组织为了增强市场开拓力和竞争力,通过共同承担营销费用,协同开展营销传播、品牌建设、产品促销等活动,来达到资源优势互补、营销效益最大化的目标

以嘉阳·桫椤湖景区为例,应用所学知识,试分析其营销4Ps策略。

7.4 旅游景区营销创新

当今旅游市场呈现出个性游与大众游共存、理性消费与感性消费共存、旅游体验与服务考量共存等多种旅游形态相互交织、相互影响的局面,面对这种变化形势,我国旅游景区只有强化自身的竞争优势,挖掘并宣扬自身独特体验价值,丰富旅游景区产品,创新旅游景区营销,才能在激烈的竞争市场中立于不败之地。

旅游景区营销创新是指旅游景区根据营销环境的变化并结合企业自身情况,重新组合营销要素,提出新的营销理念或思路、采用新的营销方式,建立起市场竞争力更强的市场营销系统，从而推出新产品、开辟新市场的综合活动与过程。从本质上讲，旅游景区营销创新的原因是旅游景区对社会需求的把握；而创新的目的则在于把社会需求转化为旅游景区的机会。下面介绍几种适用于旅游景区的主要营销创新方式：

7.4.1 品牌营销

旅游品牌是指旅游经营者凭借产品及服务确立的代表其产品及服务形象的名称、标记或符号，或它们的相互组合。其是企业品牌和产品品牌的统一体，体现着旅游产品的个性及消费者对此的高度认同。

旅游景区品牌策略就是要使其景区的品牌形象深入游客心中，占据其心中的重要位置，使游客对景区产生更加强烈和鲜明的感知印象。人们在决定出游和选择到什么旅游景区旅游的过程中，除了考虑旅游的成本、时间、交通便利程度、安全等重要因素外，还非常重视旅游景区的品牌形象，只有那些在游客心目中具有比较良好的品牌形象的旅游景区，才能吸引更多的游客，并创造出更好的收益。

旅游景区品牌创新分析——以南岳衡山品牌创新为例

旅游景区品牌营销策略主要应做好旅游景区品牌定位、加强景区品牌塑造、开展旅游景区品牌经营以及旅游景区品牌的维护与创新几个方面。

7.4.2 网络营销

旅游网络营销是指以互联网为载体，利用电子信息的传递为旅游企业塑造形象，实现双向交流，满足游客的需求，拓展市场，增加盈利，为实现其市场目标而开展的各种活动。网络营销对于旅游景区来讲，无论从营销渠道选择还是营销策略运用上都应是首选。互联网不仅覆盖面广，而且具有表现形式多样、信息送达成本低、可以迅速发布和实时监控等诸多优势。由2014年我国旅游主题为"智慧旅游年"可知，互联网在旅游营销中的重要作用已经引起政府层面的高度重视。包括旅游景区门户网站建设，新媒体、自媒体营销，比如利用微博、微信、抖音营销等。如西安永兴坊"摔碗酒"（图7-10）就吸引了大量游客驻足观赏。

新媒体：浙江旅游营销的"利器"

图7-10 西安永兴坊"摔碗酒"

案例链接

自媒体营销扭转旅游景区危机局面

2016年8月3日,湖南长沙橘子洲景区因存在安全隐患、环境卫生、旅游服务、景区管理四大问题,被国家旅游局撤销5A级旅游景区资质。8月4日,微信公众号"号外长沙"发布《我是橘子洲,今已1 700岁,想跟大家说几句心里话……》。该文以图文形式梳理橘子洲的人文历史、介绍橘子洲的体验项目、反思橘子洲景区的管理服务问题,其实最终倡导的理念是:一个优秀的旅游景区需要管理者和游客共建。

该文经由"号外长沙"发布后,获得包括微博、微信公众号、今日头条号、一点资讯等自媒体的频繁转发,橘子洲景区摘牌之后,巧妙地借助摘牌的高频关注度,推广了橘子洲景区的人文历史和体验产品,完成一次危机营销。虽然主流媒体并没有转载这篇文章,但仅凭自媒体的传播就已经扭转了原本负面的舆论导向,引发社会对旅游景区服务管理的反思——旅游景区的环境秩序,需要每位游客的积极参与和维护,传递了一种正能量。

(资料来源:https://www.sohu.com/a/217192496_563778)

7.4.3 文化营销

21世纪是文化营销的时代,市场竞争的加剧和游客需求的变化使得文化营销具有广阔的发展前景。

揭秘:台湾文创为何这么火?

文化营销可以为旅游景区引来流量,游客来到旅游景区,消费的不仅是一次旅游,也希望得到消费以外的情感体验和精神体验,游客在旅游过程中接受文化知识,感受文化的精神愉悦。乌镇是江南四大名镇之一,已经具有了成为优秀旅游景区的基础。众多的文人墨客名人,更是给了乌镇深厚的文化底蕴,乌镇从不缺故事。但是,就因为刘若英、黄磊主演的一部唯美、凄凉的爱情连续剧《似水年华》,乌镇的故事更加丰富。浪漫的爱情故事加上唯美的古镇风光让其更具有另一番吸引力。

旅游景区文化营销需在传统旅游的基础上,结合文化,让游客对文化旅游有一种新型的体验,在这个基础上,注重文化的展示,打造文创产品,挖掘出旅游景区更多的价值,使其成为文创产业聚集地,使旅游景区和文创产业互相促进、相得益彰。

案例链接

"Next Idea × 故宫" 腾讯创新大赛——穿越故宫来看你

腾讯与故宫合作举办"Next Idea × 故宫"腾讯创新大赛,随即推出《穿越故宫来看你》的H5作为邀请函,仅上线一天访问量就突破300万。

此H5将故宫与新生代事物相结合,以皇帝穿越为主题,引入说唱音乐风格,互动性、刺激性都非常强。这已不是故宫淘宝第一次刷屏,卖得了萌也耍得了贱,故宫淘宝已成为社交媒体上一大焦点,如同之前推出的皇帝朱批"朕知道了"系列产品一般风靡网络。

(资料来源:https://www.sohu.com/a/221691331_99921388)

7.4.4 节事营销

旅游景区作为旅游目的地的基本组成单位，与节事庆典有着天然的联系，它往往拥有良好的自然、人文环境和比较完备的服务设施，由此成为节事庆典主要的发生地和举办方。成功的节事活动在旅游景区的营销中发挥着重要的作用。

节事营销是指旅游景区通过策划、组织节事庆典和利用名人效应、新闻价值以及社会影响的人物或事件，引起媒体、社会和游客的兴趣和关注，迅速增加旅游景区的知名度和美誉度，树立良好品牌形象的手段和方式。如1999年举办的张家界世界飞行特技大奖赛就是一个非常成功的旅游营销事件，开启了中国旅游事件营销的先河。

旅游景区可以借助大量的节事活动扩大景区的知名度；节事活动往往能在短时间内为景区带来大量的客源，产生明显的经济效益；协助整合旅游景区的项目资源。

知识拓展

中国洛阳牡丹文化节

中国洛阳牡丹文化节前身为洛阳牡丹花会，始于1983年，已入选国家非物质文化遗产名录，2010年11月，经国务院、文化部正式批准升格为国家级节会，更名为"中国洛阳牡丹文化节"，由中华人民共和国文化部（现文化和旅游部）和河南省省人民政府主办。"花开花落二十日，一城之人皆若狂"，中国洛阳牡丹文化节是一个融赏花观灯、旅游观光、经贸合作与交流为一体的大型综合性经济文化活动。它已经成为洛阳发展经济的平台和展示城市形象的窗口，洛阳走向世界的桥梁和世界了解洛阳的名片。

7.4.5 体验营销

体验营销是伴随着体验经济的到来而出现的一种新的营销方式，旅游景区为游客所提供的旅游产品，实质上是一种经历、一种体验，这决定了旅游景区与体验经济天生就有着密不可分的联系。旅游景区体验营销就是旅游景区借助一定的媒介为游客营造一种氛围、一种情景，让游客沉浸其中，努力为游客创造一系列难忘经历的过程。

体验营销通过增加游客身体的有形体验、生活形态与互动，为游客创造认知与解决问题的体验，这种沟通与互动创造的美好回忆，是形成游客忠诚的基础。只有关注游客体验，以游客满意为核心，才能不间断地获取新游客和培养旅游景区的忠诚游客。

旅游景区实施体验营销关键要从游客个体差异入手，了解游客的需要和期望。体验要有明确的主题，主题是体验的基础和灵魂，为旅游景区设计一个鲜明的、难以被复制的主题，是迈出体验营销成功的第一步，它能够给游客留下深刻的印象，产生持久的记忆。大家耳熟能详的迪士尼乐园，如果没有妙趣横生的体验，没有主题公园，没有卡通、电影、电视节目，那么迪士尼乐园就不能产生这么大的影响力了。体验还要选择合适的媒介，在旅游景区

第7章 旅游景区营销管理

体验营销中，体验媒介的选择应根据体验的不同时期、不同主题和不同的体验刺激方式而进行，除了传统媒介外，旅游景区体验营销更要加大新型媒介的运用，如服务人员、旅游纪念品、吉祥物、网站、节庆活动等，从游客体验的角度进行全新的媒介策划。

体验营销的核心是吸引游客的参与，并借参与产生互动，让游客真正成为品牌的主人，从而促使游客接受品牌所传递的信息，并产生消费的引力，塑造品牌形象，建立品牌忠诚。在体验营销中，游客是体验的主体，文化内涵和主题是体验的灵魂和本质，美好而强烈的感知效果是在互动的体验营销中获得的。要进行互动体验，就必须制造强调体验的线索。线索构成印象，在游客心中创造体验，如云南石林流传"阿诗玛"的故事、大理流传"五朵金花"的故事，每位来此的女游客都被分别称为"阿诗玛""胖金花"，男游客都被分别称为"阿黑哥""胖金哥"，这就构成开启特殊体验的线索，马上让游客有一种身临其境的感觉和一睹为快的强烈愿望，并引起游客进行深入了解的冲动。

揭秘：读懂景区创意营销，"一夜爆红"不是梦想！

案例链接

武陵源区携手旅游达人玩转旅游景区体验营销

2017年6月23—24日，武陵源区旅游工作委员会办公室邀请的第一批旅游达人来旅游景区"体验之旅"落下帷幕。11位来自不同地区的旅游达人分3条线路在武陵源区邂逅美好风景，体验有"世界自然遗产、世界地质公园、国家首批5A级景区、中国第一个国家森林公园"之称的武陵源风景名胜区。

本次体验之旅涵盖武陵源区所有旅游景区，包括天子山、袁家界、金鞭溪、杨家界、黄石寨、十里画廊、宝峰湖、黄龙洞、溪布街、魅力湘西等，同时还体验拍摄了旅游景区内各索道、电梯以及土家民俗表演、溪布街客栈民宿等。据了解，11位旅游达人大多为旅游体验师、媒体签约旅游记者、自媒体达人，届时会将旅游景区体验之旅写成游记、攻略、新闻在携程、去哪儿、途牛、驴妈妈、今日头条、百家号等OTA平台及自媒体平台传播，游记攻略将包含武陵源区所有体验过的旅游景区景点，将对自驾游客游览景区有很大的借鉴作用。

据武陵源区旅游工作委员会办公室负责人介绍，本次旅游达人旅游景区体验营销系列活动是按照区委旅工委统一安排部署，旨在提高"武陵源"核心品牌，进一步扩大武陵源的网络影响力和知名度，通过在不同季节分四次邀请旅游达人来景区体验，相信能向全世界展示出武陵源景区"春夏秋冬"四季之美。

（资料来源：https://baijiahao.baidu.com/s?id=1571164984788393&wfr=spider&for=pc）

试一试

全班学生分组，4~6人为一组，查找资料，为嘉阳·桫椤湖景区进行旅游景区营销创新策划。

复习思考

一、单项选择题

1. （　　）是指旅游景区既不对市场进行细分，也不考虑游客的需求差别，而只强调其共性将游客需求看成一个整体市场进行营销。

   A. 无差异市场策略　　　　　　　　B. 差异性市场策略
   C. 集中性市场策略　　　　　　　　D. 分散性市场策略

2. 根据企业营销环境的SWOT分析，在优势、机会环境之下的旅游景区企业，通常采用（　　）。

   A. 稳定策略　　　B. 发展策略　　　C. 多角化策略　　　D. 紧缩策略

3. （　　）是两个或两个以上的营销组织为了增强市场开拓力和竞争力，通过共同承担营销费用，协同进行营销传播、品牌建设、产品促销等活动，来达到资源优势互补、营销效益最大化的目标。

   A. 旅游景区人员推销策略　　　　　B. 旅游景区广告促销策略
   C. 旅游景区联合营销策略　　　　　D. 旅游景区公关营销策略

4. 旅游景区宣传口号设计的首要因素是（　　），即能够充分体现旅游景区的资源特色、高度概括旅游景区产品的特点、全面展示旅游景区的旅游形象。

   A. 高度的概括性　　B. 富有艺术性　　C. 简明扼要　　D. 画龙点睛

5. （　　）是旅游企业为了鼓励游客尽早付清货款、大量购买、淡季购买，而采取的向游客或中间商让利减价的一种策略。

   A. 渗透定价法　　B. 声望定价法　　C. 需求差异定价法　　D. 折扣定价法

6. 在旅游景区产品生命周期的（　　），产品日趋成熟，且基本上被市场所接受，生产成本和销售费用下降，利润增加。

   A. 投入期　　　B. 成长期　　　C. 成熟期　　　D. 衰退期

二、多项选择题

1. 旅游景区市场细分通常按照（　　）细分。

   A. 地理环境　　　　　　　　B. 人口因素
   C. 心理因素　　　　　　　　D. 消费行为因素

2. 旅游景区市场调研常用的方法有（　　）。

   A. 文案调查法　　B. 询问调查法　　C. 观察法　　D. 头脑风暴法

3. 旅游景区产品的营销渠道按销售给游客的方式分为（　　）。

   A. 长渠道　　　B. 短渠道　　　C. 直接销售渠道　　　D. 间接销售渠道

第7章 旅游景区营销管理

4. 新产品在开发之后，旅游景区应制定出恰当的定价策略，以便及时打开销路，取得满意的综合效益，通常有（　　）。

A. 利润导向下的高价策略　　　　　　B. 销售导向下的低价策略

C. 游客差别定价策略　　　　　　　　D. 折扣定价策略

三、判断题

1. 旅游景区市场预测是为了获得与目标游客有关的信息，旅游景区市场调研是为旅游景区提供前瞻性服务，两者关系相辅相成，互相服务。（　　）

2. 旅游景区节事活动是提高景区知名度的一种重要手段，但并不是旅游吸引物。（　　）

3. 旅游景区的品牌形象是旅游目的地的象征，是吸引游客前往的核心。（　　）

4. 旅游景区市场调研的原则是思路清晰、抽样适当、分析确切、成本节约。（　　）

5. 旅游景区市场细分是旅游景区经营企业正确制定旅游营销策略和选择旅游目标市场的重要依据，也是旅游景区经营企业顺利实现旅游营销目标的保证。（　　）

6. 三亚的定位是"东方夏威夷"，采用的是领先定位法。（　　）

四、简答题

1. 什么是旅游景区市场营销？

2. 旅游景区营销管理中市场调查的方式有哪些？如何对旅游市场进行细分，有何依据？

3. 如何进行旅游景区市场定位，市场定位的方法有哪些？

4. 旅游景区营销组合的4Ps策略有哪些？

5. 旅游景区节事营销有哪些成功案例？试举例说明。

6. 结合我国手机微信用户日益增多的趋势，谈谈旅游景区如何进行微信营销。

7. 什么是旅游景区营销创新？旅游景区营销创新的方式有哪些？

第8章

旅游景区旅游安全管理

学习目标

※ 知识目标
1. 掌握旅游景区环境容量概念，了解不良容量带来的危害。
2. 掌握旅游景区环境容量计算方法，学习旅游景区最大承载力的计算。
3. 建立和完善旅游景区安全管理系统，熟悉旅游景区安全管理体系。
4. 掌握旅游景区不同设施设备安全管理，熟悉旅游景区的相关安全管理。

※ 能力目标
1. 能够进行旅游景区环境容量计算。
2. 能够建立完整的景区安全管理体系。
3. 能够面对旅游景区不同设施设备进行相关安全管理。

内容框架

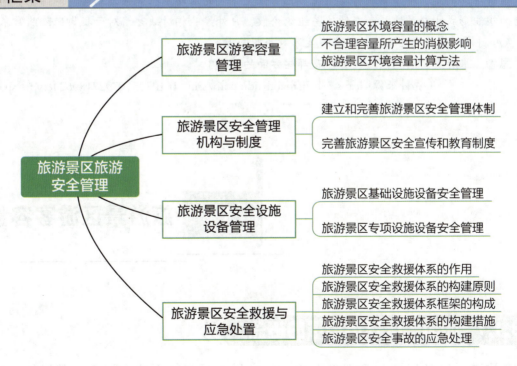

第8章 旅游景区旅游安全管理

案例导入

2018年9月1日起，四姑娘山旅游景区启动有偿救援，违规逃票私自进入或不听劝阻擅自进入未开发开放区域而遇险的游客，将要承担相应的救援费用。据四姑娘山景区户外运动管理中心负责人介绍，"有偿搜救"所针对的是不遵守规定而被困的游客，对于遵守规定而被困的游客，则采取免费的方式。四姑娘山启动有偿救援的背景是：游客违规穿越四姑娘山的现象增多，安全风险增大。

据四川在线报道，从2004年至今，四姑娘山旅游景区因违规登山、违规穿越引发的大事故有30多起，共造成20多人死亡。"管理局每年对违规穿越景区的遇险人员进行搜救的费用超过50万元，浪费了财力物力和公共资源。"

其实，不光是在四姑娘山，违规登山、违规穿越在多地造成了多起游客遇险事件。澎湃新闻从中国登山协会发布的《2016年中国登山户外运动事故报告》中摘选了部分游客因违规而遇险的案例。在这些案例中受困人员或是违规逃票，或是违规进入未开发区域，从最终结果来看，轻则体力透支、迷路山中；重则滑落受伤、死亡失踪。有偿救援并非四姑娘山旅游景区独创。在此之前，黄山、稻城亚丁等旅游景区都曾出台有偿救援管理办法。在适用情形上，三地基本相同；在救援原则、费用构成上有所区别。

近年来，户外活动热度上升，户外运动爱好者人数众多，但安全事故频发，安全知识普及依然任重道远。拿四姑娘山举例，每年到四姑娘山进行漂流、徒步、攀冰、登山的游客超过5万人，其中80%属于有风险的户外运动。从更宏观的角度看，以2016年为例，户外运动事故量、死亡人数、失踪人数、受伤人数均有所上升。据中国登山协会登山户外运动事故研究小组不完全统计，2016年全年共发生311起登山户外运动事故，死亡64人，失踪3人，受伤146人。2019年的山难遇难人数骤增到44人，这与当年连续发生的几起群体遇难事故有关。最严重的重庆万州潭獐峡事故中，19人因山洪暴发遇难，这个户外团体由网络招募组成，事发时正进行徒步穿越。2012年开始，群体事故再次井喷，4人在广东揭阳溯溪时因山洪暴发遇难，3人在陕西鳌山徒步穿越时因失温死亡。2013年，8人在广西天堂山漂流时因山洪暴发溺亡。2014年，5人在露营时选址不当，因山洪暴发在重庆遇难。2015—2016年，广东连续两年发生群体事故。

值得注意的是，群体事故易发生在"无责任主体"的活动中，如亲友结伴、网络招募等。登山户外运动的组织形式十分关键，亲友结伴易组织松散、户外经验相对缺乏，对于抵御风险非常不利，网络招募、AA制等则缺乏责任主体，一旦发生事故很难应对。

思考： 旅游安全问题频发，都涉及哪些方面的问题？

（资料来源：https://baijiahao.baidu.com/s?id=1610735163927180624&wfr=spider&for=pc）

8.1 旅游景区游客容量管理

8.1.1 旅游景区环境容量的概念

在旅游景区的规划和管理中常常用到容量或承载能力这个概念。戴维德·莱姆（David W. Lime）和乔治·斯坦奇（Grorge H. Stankey）对容量下了一个定义，即"一定的游憩区，在某种开发程度下及一段时间内，仍能维持一定水准，且不致对环境或游客的体验造成过度的伤害"，即容量的定义和环境的破坏、游客的体验有直接的关系，这与游憩管理的目标相一致。

旅游景区环境容量又称生态容量（Ecological Carrying Capacity of Tourism），是指对一个旅游景点或旅游景区环境不产生永久性破坏的前提下，其环境空间所能接纳的游客数量。也就是说，旅游环境容量的本质是旅游区域内游客的数量。游客对游览点环境的影响主要表现为对动植物的破坏，故旅游环境容量即对动植物不产生永久性危害前提下的游客数量。对一个拥有各项旅游设施的旅游景区来讲，容量的确定不仅要考虑游览点的容量，还要考虑整个旅游区的环境承受力。旅游环境容量是一个可变因素，不同的技术、管理条件下，容量不同，有力的管理可扩大其环境容量。

旅游景区（点）容量在旅游景区（点）管理中的重要作用有两个，一是保护旅游景区（点）的旅游资源和环境免遭退化和破坏，旅游景区（点）的饱和与超载会使生态遭到损伤，对旅游业的发展造成致命的影响。另一个作用是保证游客在旅游景区（景点）的体验质量。过分拥挤会使游客感到压抑、混乱，导致其情绪烦躁，从而影响旅游质量。

目前，许多国家开始根据质量活动来衡量旅游业经营成功与否，这与过去的发展观念发生了激烈冲突，在市场经济下，数量代表收入，但同时对资源的破坏也随数量的增加而增加。因此，低流量、高质量、高价值的旅游成为未来旅游景区（点）经营管理的价值观。

8.1.2 不合理容量所产生的消极影响

旅游地域和设施所承受的旅游流量或活动量达到其极限容量，称为旅游饱和；一旦超出极限容量，则为旅游超载。当然，在实际管理工作中，旅游景区（点）接待的旅游流量达到其合理容量为饱和，超过合理容量为超载。旅游景区（点）饱和和超载可分为长期性的和短期性的。长期性饱和与超载是指连续性的饱和与超载。短期性的又分为周期性和偶发性的。周期性的饱和是季节性的，偶发性饱和与超载是一定时间内发生了偶然事件引起的。旅游景区（点）的资源和设施在使用时切勿超过其容量，否则会对环境和设施产生消极影响。

饱和与超载对环境和设施的不利影响表现在以下几个方面：

1. 破坏生态平衡

游客的踩踏对旅游景区（点）的植物和土壤会产生一定的破坏影响。土壤在一定使用量下仍能保持一定水平，但超过某一使用量后土壤就会遭到破坏。在以自然为基础的旅游景区（点），饱和与超载轻则损伤旅游资源，重则造成生态系统失调。游客的踩踏对土壤的破坏视土壤种类、岩石风化程度以及其他情况而定。例如，石灰岩土层就容易遭到破坏。同样的旅游活动量所产生的对林地的践踏后果比草地要严重得多。草地上的植物在经受1 000次踩踏之后损害量约达 50%，而同样踩踏量对于林地植物的损害却接近 100%。

2. 造成环境污染

在以自然为基础的旅游景点景区，旅游饱和与超载绝大多数情况下会导致对水体的污染。我国著名旅游风景区如黄山、桂林等地，在旅游旺季因饱和与超载所导致的水体污染日趋严重。此外，饱和与超载同样使得交通量增大，汽车尾气会造成旅游景区（点）环境的大气污染。

3. 对文物古迹的损害

饱和与超载会加速文物古迹的自蚀过程。如饱和与超载会影响古代木构建筑的牢固度，壁画雕塑会由于人体呼吸而影响其色彩。游客蜂拥而至常常使他们千里迢迢来观看的奇观遭到破坏。例如，刻在埃及卢克索寺庙墙壁上的古象形文字正在逐渐褪去，人工照明设施以及游客的汗渍、气味和指印对文物古迹也有不同程度的破坏。

4. 对设施的影响

饱和与超载会给设施增加很大的压力，若不注意使维护设施经常处于戒备状态，会危及游客的生命安全，如登山护栏、缆车、游船和其他游乐设施等，因超载或受到损害后，也会危及游客的生命。

5. 影响旅游气氛

饱和与超载使游客感到拥挤不堪，满耳嘈杂，破坏了旅游地的静谧气氛，不能获得应有的体验质量，造成游客心理上的不适。

此外，严重超量的旅游给当地社会带来压力，游客涌满街头给当地居民日常生活造成了很大的不便，导致反游客情绪出现。法国是世界上深受游客喜爱的旅游目的地，但许多景点出现了游客过剩的情况，拥挤的交通和环境问题使一些地方将游客拒之千里，要求政府采取更加严格的旅游限制措施，这就是旅游界人士所称的"憎恨游客"的反感情绪。

网红洪崖洞景区将重核最大承载量 启用门禁系统

8.1.3 旅游景区环境容量计算方法

旅游景区环境容量的计算方法很多，根据我国《景区最大承载量核定导则》(LB/T 034—2014)，主要的计算方法有面积计算法、线路计算法和卡口计算法。旅游容量为空间容量、设施容量、生态容量、社会心理容量和文化体验感知容量五类。对于一个旅游景区，日空间容量与设施容量的测算是最基本的要求。

8.1.3.1 旅游景区日承载量计算方法

1. 瞬时承载量

旅游景区瞬时承载量一般是指瞬时空间承载量，瞬时空间承载量 C_1 由式 8.1 确定：

$$C_1 = \sum X_i / Y_i \qquad (8.1)$$

式 8.1 中：

X_i——第 i 景点的有效可游览面积；

Y_i——第 i 景点的游客单位游览面积，即基本空间承载标准。

当旅游景区设施承载量是旅游景区承载量瓶颈时，或旅游景区以设施服务为主要功能时，其瞬时承载量取决于瞬时设施承载量，瞬时设施承载量 D_1 由式 8.2 确定：

$$D_1 = \sum D_j \qquad (8.2)$$

式 8.2 中：

D_j——第 j 个设施单次运行最大载客量，可以用座位数来衡量。

2. 日承载量

旅游景区日承载量一般是指日空间承载量，日空间承载量 C_2 由式 8.3 确定：

$$C_2 = \sum X_i / Y_i \times \text{Int}(T/t) = C_1 \times Z \qquad (8.3)$$

式 8.3 中：

T——旅游景区每天的有效开放时间；

t——每位游客在旅游景区的平均游览时间；

Z——整个旅游景区的日平均周转率，即 $\text{Int}(T/t)$ 为 T/t 的整数部分值。

（1）当旅游景区设施承载量是景区承载量瓶颈时，或旅游景区以设施服务为主要功能时，其日承载量取决于日设施承载量，日设施承载量 D_2 由式 8.4 确定：

$$D_2 = \frac{1}{a} \sum D_j \times M_j \qquad (8.4)$$

式 8.4 中：

D_j——第 j 个设施单次运行最大载客量；

M_j——第 j 个设施日最大运行次数；

a——根据旅游景区调研和实际运营情况得出的人均使用设施的个数；

通过系数 a 去掉单一游客使用多个设施而被重复计算的次数。

（2）当游客在旅游景区有效开放时间内相对匀速进出，且游客平均游览时间是一个相对稳定的值时，日最大承载量 C 由式 8.5 确定：

$$C = \frac{r}{t} \times (t_2 - t_0) = \frac{r}{t_1 - t_0} \times (t_2 - t_0) \qquad (8.5)$$

式 8.5 中：

r——旅游景区高峰时刻游客人数;

t——每位游客在旅游景区的平均游览时间;

t_0——旅游景区开门时刻(即旅游景区开始售票时刻);

t_1——旅游景区高峰时刻;

t_2——旅游景区停止售票时刻。

8.1.3.2 旅游景区环境容量计算方法

在旅游景区日承载量的计算基础之上,可以具体计算旅游景区的环境容量,具体如表 8-1 所示。

表 8-1 旅游景区环境容量计算方法

旅游容量计算	计算公式	方法特点	适用范围
空间容量	(1)面积计算法 传统计算公式: $$C=\sum C_i=\sum X_i \times Z_i/Y_i$$ 式中: C——旅游景区日空间总容量,数值上等于各分区的日空间容量之和,单位为人次; C_i——第 i 景点的日空间容量,单位为人次; X_i——第 i 景点的可游览面积,单位为 m^2; Y_i——第 i 景点平均每位游客占用的合理游览面积,单位为 $m^2/$人; Z_i——第 i 景点的日周转率	该计算方法将旅游景区内部旅游景点之间的关系视为简单的加和关系,忽略了游客在各旅游景点间的相互流动。各旅游景点容量相加实际上造成了重复计算,客观上夸大了整个景区的旅游容量	综合性的风景旅游区,以观光、休闲、娱乐为主,可以兼具度假功能。旅游景区相对封闭,游客可以在其内部各旅游景点(子系统)之间自由流动
	修订后计算公式: $$C=\sum Z_i/Y_i \times T/t=(\sum D_i) \times Z$$ 式中: T——旅游景区每天的有效开放时间; t——每位游客在旅游景区内平均游览时间; D_i——第 i 景点的瞬时旅游容量; Z——整个旅游景区的日周转率	对不同旅游景点采用不同的基本空间标准,同时考虑到旅游景点之间游客的流动性,不再单独计算各旅游景点的日周转率,而用整个旅游景区的平均游览时间计算得出的日周转率作为代替	

续表

旅游容量计算	计算公式	方法特点	适用范围
空间容量	（2）线路计算法（完全游路法） 计算公式： $$C = M/m \times Z$$ 式中： C——日环境容量，单位为人次； M——景区内游道全长，单位为 m； m——每位游客占用的合理游道长度，单位为 m/人； Z——周转率，Z = 旅游景点开放时间/游完旅游景点所需时间	与旅游景区的道路性质、长度、宽度有关	游客以游道为主进行游览的旅游景区适用线路法进行计算。通常地势比较陡
	线路计算法（不完全游路法） 计算公式： $$C = M \times Z/(m + m \times E/F)$$ 式中： C——日环境容量，单位为人次； M——景区内游道全长，单位为 m； m——每位游客占用的合理游道长度，单位为 m/人； F——游完全游道所需时间； E——沿游道返回所需时间； Z——周转率，Z = 旅游景点开放时间/游完景点所需时间		
	（3）卡口法 计算公式： $$C = Z \times A = (t_1/t_3) \times A = (H-t_2) \times A/t_3$$ 式中： C——日环境容量，单位为人次； Z——日周转率； A——每批游客人数，单位为人次； t_1——每天游览时间，$t_1 = H-t_2$，单位为 h； t_3——两批游客相距时间，单位为 h； H——景区每天的开放时间，单位为 h； t_2——游完全程所需时间，单位为 h	需要一个旅游景点作为卡口，实测卡口处单位时间内通过的合理游客数，单位以"人次/h"表示。由于限定条件较为严格，计算方法不能普遍使用	通常旅游景区内有漂流河道、游船河道等适合作为卡口的景点
设施容量	日设施容量的计算公式： $$C = (\sum C_i) = \sum X_i \times Y_i$$ 式中： C——旅游区日设施总容量，单位为人次； C_i——第 i 景点的日设施容量，单位为人次； X_i——第 i 景点的设施数量（座位、床位等）； Y_i——第 i 景点的日周转率	将各个旅游设施的容量相加，计算结果为旅游景区内所有设施同时服务时的最大容量	一般适合休闲度假区，其设施容量则表现为刚性需求，弹性较小，是旅游度假区环境容量的决定性因素

续表

旅游容量计算	计算公式	方法特点	适用范围
生态容量	计算公式：$$C = \frac{\sum S_i T_i + \sum Q_i}{\sum P_i}$$ 式中： C——生态容量，即每日接待游客的最大允许量； P_i——每位游客一天内产生的第 i 种污染物量； T_i——各种污染物自然净化的时间，一般为一天； S_i——自然生态环境净化吸收第 i 种污染物的数量，单位为量/日； Q_i——每天人工处理掉的第 i 种污染物数量	不同的自然区域的生态系统稳定程度与净化能力不同，难以统一标准	水体类、生态主题公园等生态环境敏感度高的旅游度假区

旅游景区最大承载量的计算过程有哪些难点？

8.2 旅游景区安全管理机构与制度

景区安全管理机构是景区安全的保障，迫切需要建立稳定有序的旅游景区的安全管理机构与制度来保障游客的安全，保障景区环境安全，促进景区可持续发展。

8.2.1 建立和完善旅游景区安全管理体制

旅游安全事故产生的原因虽然十分复杂，但是建立和落实科学的旅游安全管理体制，对于从根本上抑制旅游安全事故的发生，解决旅游安全管理中存在的问题具有十分重要的意义。科学的旅游安全管理体制既包括政府层面的体制机制，也包括旅游景区内部的管理体制，如图 8-1 所示。

8.2 旅游景区安全管理机构与制度

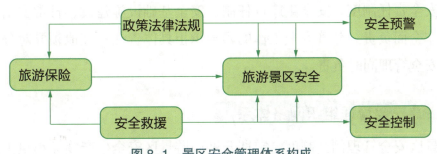

图 8-1 景区安全管理体系构成

8.2.1.1 完善旅游安全法规体系

旅游安全法规体系是旅游安全保障系统的基础，指导并规范着旅游安全保障体系中的预警、控制、施救行为，为旅游安全管理提供法律依据。它能够从法律的权威性和强制性的角度来规范和控制旅游从业人员的行业行为，强化和提高旅游从业人员的安全意识和防控意识，提高游客的安全意识，约束游客的不当旅游行为。同时，通过旅游安全法规体系，还能够唤起和提高广大社会公众对旅游安全问题的关注，提高社会大众旅游安全防范的意识和能力，促进旅游社会安全管理的开展，为创建安全的旅游环境提供保障。因此应以安全生产法为基础，充分借鉴西方发达国家的发展经验，针对旅游安全管理实际，确定我国旅游安全的法律法规体系框架，制定旅游安全立法规划，加快新法规的起草工作。各级政府的旅游、建设、公安、消防、交通、安全监管、质量技术监督等部门应明确各自权责，严格按照法定权限和程序行使安全监管权力，履行安全监管职责。

8.2.1.2 明确政府安全生产监管职责

政府部门监管的基本职责是事前预防、事中控制、事后处理、综合治理，即监管市场的主体的生产经营行为和安全生产行为，严肃查处事故，追究有关责任人的责任。因此，科学界定部门责任，健全政府行政管理部门的安全生产责任机制，即界定和明确与安全生产有关的各级政府部门和权力机关以及这些部门的责任人，对旅游景区的安全生产负有"监察"责任的旅游行政管理部门。各级政府部门和权力机关对旅游景区生产经营活动具有审批权、许可权、审查权、认证权、验收权、处罚权等。这些权力可以分为两大类，一是直接相关权力，二是间接相关权力。如高层建筑中的电梯、锅炉的检测，食品的安全检查，文化及公安部门对娱乐场所的安全审核，消防设施和装潢材料的安全审核，电力设施的安全审核，消防设施的评估，旅游景区各种游乐设施审查许可等都涉及政府部门行政许可权。

8.2.1.3 构建高效的旅游安全领导机制

做好旅游安全管理工作，关键是构建高效的安全生产领导机制。

1. 推行领导人"一岗双职"责任制

在安全管理中真正实行"一把手"负责制，主要负责人是安全工作的第一责任人，必须对安全教育、安全责任制度、安全生产责任制、安全基础设施建设、日常安全管理以及事故应急处理等工作全面负责。分管安全工作的领导承担具体责任，其他领导对分管工作范围内的行政管理和安全管理同时负责。

2. 构建旅游安全管理组织网络体系

推行旅游景区安全管理例会制度，定期开展旅游景区安全生产领导小组（或安全生产委员会）会议并有记录备查，建立定期或不定期研究安全生产工作的领导机制。

3. 强化监管机构的权威

旅游管理中应加强对各经营单位的安全工作考核，对安全管理考核不合格的或者发生重特大事故的单位，在单位评优、评先进等考评工作时坚决实行一票否决制。

4. 强化有效的责任落实机制

（1）建立有效的旅游安全自我防范机制。

旅游景区主要负责人应作为本单位旅游安全的第一责任人，安全领导小组成员的责任应逐级细化，逐级分解安全任务，层层签订安全目标责任书，责任落实到每个部门、每个班组和每位员工，促使旅游经营单位形成有效的安全生产自我防范机制。

（2）建立可靠的旅游安全技术措施保障机制。

加大安全生产投入，运用先进设施设备，完善安全生产技术条件。按规定投保游客意外险、车人责任险、游乐设施伤害险、火灾公众责任险等保险。加强对员工的安全生产技能培训，不断提高员工安全生产技能。加强对设施设备安全性能检测和技术改造，提升设施设备安全性能。加强旅游企业现场管理、检查、监督，提高安全生产管理能力。

（3）建立有效的旅游安全管理考核奖惩机制。

"隐患险于明火，防范胜于救灾，责任重于泰山。"旅游景区管理部门应本着对国家和人民生命财产高度负责的态度，建立健全安全生产检查考核、评价标准体系。根据季节、行业、节日等特点，采用自查、对口互查、联合督查的方式，定期和不定期地对旅游经营单位安全开展检查和考核。

8.2.2 完善旅游景区安全宣传和教育制度

在旅游景区形成人人关心安全、事事注重安全的良好氛围，是做好旅游安全工作的基础。要通过加强旅游安全宣传、教育，让旅游景区的管理者和员工都牢固树立起安全意识，掌握各自岗位的安全职责和安全技能。

8.2.2.1　完善旅游安全逐级培训制度

《中华人民共和国安全生产法》第二十条规定："生产经营单位的主要负责人和安全生产管理人员必须具备与本单位所从事的生产经营活动相应的安全生产知识和管理能力。"国家安全生产监督管理局（现应急管理部）专门发文要求相关人员接受培训持证上岗。因此，根据国家有关法律法规的规定，建立以政府旅游部门为主体的旅游安全逐级培训制度显得十分必要。通过建立和完善旅游安全培训制度，解决目前培训分散、培训主体不明确等问题。

8.2.2.2　强化从业人员旅游安全教育

旅游安全逐级培训应首先抓好景区负责人和安全管理人员的岗位安全教育和培训。《中华人民共和国安全生产法》第二十一条规定："未经安全生产教育和培训合格的从业人员，不得上岗作业。"从业人员通过培训，确保具备必要的安全生产知识，熟悉相关安全生产规章制度和安全操作规程，掌握本岗位的安全操作技能。

8.2.2.3　建立和完善旅游景区安全管理系统

旅游景区安全管理的复杂性和综合性要求景区安全管理要有一套合理的系统来进行规范。旅游景区安全管理系统由控制机制系统、信息管理系统、安全预警系统和应急救援系统四个子系统组成。

1. 控制机制系统

控制机制系统是对旅游景区整个安全管理系统的控制，主要包含管理机构、管理制度等内部管理控制协调以及政策法规、旅游保险等外部管理体系保障。

2. 信息管理系统

信息管理系统对于旅游景区旅游安全的重要性主要是因为旅游景区旅游安全有很强的不可预见性。不可预见性事故包括自然灾害事故和突发旅游安全事故。有些景区地处海啸、地震、台风、赤潮、泥石流等自然环境灾害发生的敏感区，及时、准确的预警信息将有利于缓解和减少经济损失和对游客生命财产的威胁。景区旅游安全信息管理系统主要由三个子系统构成：天气预报信息、环境污染信息和旅游容量信息，每个子系统都要有旅游安全信息的搜集、信息的分析、对策的制定和信息的发布四个功能。旅游景区安全管理系统中各项功能的实现都以信息为支撑，信息的转换、更新、传输为系统的正常运行提供必要保障。例如，若能及时准确地获取洪水、泥石流、地震、火山爆发以及大风、暴雨、冰冻等各种灾害性天气预报，并预料由此可能引发的各种严重危及旅游安全的自然灾害，则管理部门就能采取安全保障应对措施；同时，把自然灾害可能会给旅游活动带来的不便和危险告之游客，使其提高警惕，减少各种安全事故发生的概率。

3. 安全预警系统

旅游景区安全预警系统一是对可能发生事故及火灾的区域提前发出预测和预警信息，防止或避免其发生；二是对已经发生的事故发布报警信息，减少事故损失，保卫游客生命财产安全，控制其发展。主要包括自然灾害预警、环境污染预警、环境容量预警。

4. 应急救援系统

现在越来越多的旅游景区重视应急救援系统建设工作。例如2005年，杭州西湖水域旅游景区管理处和杭州移动完成西湖水域内100多条机动船GPS定位终端的安装工作，为划船手和管理人员配备了拥有卫星定位功能的手机。同时，水域管理处建立监控中心，实现对西湖内船舶的实时监控和管理调度，遇突发情况，船工可通过GPS系统向监控中心求救，监控中心工作人员通过指挥中心的大屏幕，立即寻找出事船只位置，及时开展营救工作。此外，该系统还具有定位轨迹实时显示和查询功能，能准确地显示出水域内船只的航行轨迹，可精确到每分钟，对于解决各类突发事件非常有效。旅游景区应急救援系统包括核心机构、救援机构、外围机构，是由旅游接待单位、旅游救援中心、保险、医疗、公安、武警、消防、通信、交通等多部门、多人员参与的社会联动系统。

旅游景区安全管理机构在实际的管理工作中存在哪些问题？

8.3 旅游景区安全设施设备管理

旅游景区的安全设施设备属于硬件设施体系，旅游景区需要对每项硬件设施进行细化管理，这样才能将旅游景区的安全管理执行到位。

8.3.1 旅游景区基础设施设备安全管理

旅游景区的基础设施设备包括安全标志、警示标志、交通设施设备等。

8.3.1.1 安全标志、警示标志安全管理

在易发生危险的区域、游客集散地、疏散通道等地方，应按照国家规范的安全标志符号设置安全标志和警示标志。用以提醒游客注意安全。安全标志和警示标志用于表达特定的安全信息，由图形符号、色彩、边框和文字组成，包括禁止、警告、指令、指示等信息。

标志的内容要按照旅游行业通用的《标志用公共信息图形符号》进行表示，这样不但有利于推广，而且方便游客使用。另外还要规范旅游景区安全警示、安全引导用语的使用。应明确告知游客在旅游景区游览参观时的注意事项，以及所要遵守的纪律，并明确双方当事人的责任，尤其是旅游景区经营者的责任，不可无端扩大经营者自身权利，将义务强加给游客，加重游客违反规定所应承担的责任。

在放置上，安全标志和警示标志设施要置于明亮的环境中，不可有障碍物影响视线，不可放在移动的物体上，标志要坚固耐用，警示语言要清晰明了，外观设计要美观，与周围环境相协调；放置标志高度应与视线平齐，最大观察距离的夹角不应超过75°，为保证效果，标志应定期进行全面检查，对破损的、残缺的标志应及时更换。

8.3.1.2 交通设施设备安全管理

1. 停车场安全管理

停车场必须安排专门的停车管理员，负责停车场停车秩序的维护和车辆的保管，在旅游景区接待旺季时还应配备交通引导员甚至交通协管员。划定停车通道和停车位置，通过设立标志、设计路线，划定好停车通道和停车位置。设置安防专项设施设备，在旅游景区开放时间内车辆停放除了应有专人负责看管外，还应设置电子监控探头。完善停车手续，旅游景区工作人员应向进入停车场的各类车辆发放凭证，或进行刷卡管理，做到车辆凭卡进出停车场，并实行定点看管。

2. 道路安全管理

旅游景区在发生下列情况时，应设置标志明显的指示牌或向过往车辆分发交通安全宣传资料或广播，提示、警示、告知过往车辆和过路行人注意减速和避险。

（1）在较危险地段：陡坡、弯道、易塌方处、落石处、窄桥、隧道等。

（2）在人流量多的地段：村镇、集市、学校等。

（3）车流量多的交叉地段：铁路道口、高架桥口、大型互通立交道口等。

旅游景区在发生下列情况时，应设置路障，临时封闭，另辟便道通行或实行单向通行：

（1）新修、扩建、改建道路，埋设或架设设备时。

（2）特别危险路段，如路面下沉塌陷、坑槽、隆起或者交通信号灯、交通标志、交通标线等交通设施损毁、灭失时。

（3）浓雾、沙尘、暴雨、大雪、大风（十级以上）等天气时。

旅游景区对于特别危险的路段在临时封闭期间应及时进行修复、改造，采取降低路面坡度、增宽转弯半径、增加路面摩擦系数或平整路面等措施，必要时还要加固护栏、护墩、护坡、护墙。增加防撞能力，改善沿路的水土保持。对达不到通行保障要求的路线不得开通；遇到恶劣天气、自然灾害等严重影响交通安全的情形，并且相应措施难以奏效时，应向公安交通管理部门申请实行交通管制；旅游景区道路施工项目竣工后，要尽快实施绿化工程，防止水土流失；未经许可，旅游景区各景点内的干道、便道上不得通行机动车，特殊情况需要通行的，速度也应控制在20km/h以下，一律禁止游客自驾车进入旅游景区。旅游景区专用的观光车需进行日常检修维护，专人专职驾驶，速度也应控制在10km/h以下。

旅游景区实行统一的道路交通信号。道路交通信号包括交通信号灯、交通标志、交通标线、交通管理人员的指挥等，是一套机动车安全、行人安全维护系统。

3. 水域安全管理

水域景区应当建立水上交通调度中心，进行综合指挥，调度水域船只；建立水上安全巡查队伍，开展水上安全组织监督工作，定时巡逻，配备先进的通信、导航器材，对水面可能发生的安全意外险情进行防控，具体应做到以下几个方面：

（1）旅游景区应定期对游船、游艇、快艇、竹排、水翼船、漂流工具等进行必要的保养和检修或请有资质的权威部门（或鉴定机构）进行安全检测与鉴定，保障设备的良好运行。

（2）旅游景区应定期对游船、游艇人员进行安全技术培训，保证从业人员上岗安全操作，掌握安全操作技能。

（3）遇到复杂的天气环境，应将湖区、溪区、河区、海区关闭，暂停接待游客。

（4）在漂流区较危险的水域通道内，应配备安全引导员，相关人员应经相应培训，具备较好的安全引导技能、安全逃生技能和一定的紧急救护技能。

4. 客运索道安全管理

旅游景区索道经营者应定期对索道运行设备、承载缆车、供电系统等进行安全检测及必要的保养和检修，应通过省级以上质量技术监督部门的安全认证，严禁设备带故障使用，保障设备的良好运转；从业人员应参加设备安全操作技能培训，取得上岗操作资格；在索道设施附近开通必要的行步道或公路。在接待游客方面，应设置乘坐索道的安全警示牌、安全引导用语并引导游客正确乘坐缆车、禁止超载。

5. 游览便道安全管理

旅游景区对于在游线范围内存在一定安全隐患的地方，应在显眼位置设立醒目的安全警示标志和安全引导标志，提醒过往游客注意安全；并在危险地段设置防护设施，防止危险的发生。

8.3.2 旅游景区专项设施设备安全管理

旅游景区专项设施设备包括游览设施设备、游乐设施设备、住宿设施设备、餐饮设施设备、购物设施设备等。

8.3.2.1 游览设施设备安全管理

旅游景区游览场所应重视防火安全工作。认真贯彻公安消防部门有关消防安全的各项规定，与上级部门签订防火安全责任状。旅游景区对存在消防安全隐患的区域应建立消防设施，添置消防设备并设专人巡视和养护，大风天气和气候干燥时应禁止当地居民在远离水源地的森林草原烧荒或明火作业，确保不出现火灾险情，各项防火设施设备运转正常。在员工与旅游景区内住户中普及消防知识，可采取挂横幅、贴标语、开辟专栏、分发手册、专家培训等方式进行，可联合旅游景区内住户举行的消防演练，消防安全重点单位应制定消防灭火与疏散应急预案。对于旅游景区内属于省级以上文物保护单位的木结构古建筑等游览设施在未经当地公安消防部门验收、审核的情况下，不得开放。文物类的游览设施在日常维护、修缮、改建时，应配置消防疏散通道、隔火通道、灭火器材，禁止乱拉电线、乱接电源，避免烟火、香烛进入古建筑内。禁止在古建筑内使用高功率电器、电工设备以及进行明火作业。

8.3.2.2 游乐园安全管理

主题公园类的旅游景区部门应会同旅游、质监、安监、文化、建设、林业等行政部门定期对游乐场所、动物娱乐表演场所的设施设备开展检查。对检查中发现的问题提出整改意见并进行有效督促。旅游景区要针对惊险刺激型的游乐设备进行必要的保养和检修，或请有资质的权威部门（或鉴定机构）进行安全检测与鉴定，保障设备的良好运行；对动物娱乐表演的相关人员和场地进行安全认定；定期开展对设备操作人员的安全技术培训，保证从业人员上岗安全操作，掌握安全操作技能；规范设备安全警示牌、安全引导用语的使用，告知游客正确使用设备，并明确双方当事人的责任，尤其是经营者的责任，不可将责任强加给游客，具体要做到以下几个方面：

（1）每年定期检修设备，及时维修、更新有关部件，严禁设备带故障运行。

（2）严禁设备超载、超限运行，并做好设备安全使用记录备案工作。

(3)凡遇到恶劣天气、紧急停电、意外失灵等情况,应有应变预案,并停止接待游客。作业人员应原地待命,等待现场管理人员和维护人员的到来。

(4)除设立必要的标志外,还应配备引导员,加强对游客的宣传和安全教育,合理引导游客,提醒游客游玩过程中应注意的有关事项。谢绝不符合游玩条件的游客参与大型惊险刺激类游乐项目。

(5)游乐设备属于特种设备的,必须保证每个上岗作业人员都经过有关部门的培训,持有特种设备操作岗位资格证书,严格按照特种设备安全使用规范来上岗作业。

(6)水上乐园应配备救生员、救生设施、救生用具等。

(7)设立医务室,方便紧急救助伤员。

8.3.2.3 住宿设施设备安全管理

1. 防火安全管理

旅游景区内开办的度假村、度假宾馆、机关企事业单位培训中心、干部休养所、乡村旅馆等经营单位,应重视防火安全工作,在落实安全生产责任制的同时,更要把消防工作纳入正常的安全管理范围,认真贯彻公安消防部门有关消防安全的各项规定和消防技术规范,未经公安消防部门验收、审核的,不得营业。在员工岗位责任制中突出消防安全的内容,做到同计划、同布置、同检查。对存在消防安全隐患的场所应布设消防设施、添置消防器材和隔火材料(如石棉毯);并设专人维护,确保设施设备完好,运转正常;厨房内的煤气管道、燃烧器具附近不准堆放可燃、易燃、易爆物品和化学危险品,可燃物体与火源的距离不得少于1.5m;使用明火作业的人员不得擅自离开岗位,使用完毕要仔细检查火种是否充分熄灭;瓶装液化石油气不得放置在游客入住的楼层内;定期对消防设施、消防设备、电气线路元件、照明与加热部件进行检查,不符合要求的一律更换;住宿设施在筹建、改造、扩建项目时应使用安全性能高、阻燃性能好的材料和设备,并为电器、电路安装漏电保护装置。禁止在营业场所内使用高功率电器电工设备或进行明火作业;对员工进行消防知识宣传,开展集中培训与演练,要求员工意识到火灾的危险性,懂得预防、扑救火灾的方法,学会报警、使用灭火器材,掌握灭火和帮助游客逃生的基本知识,牢记"太平门""灭火器""消防栓"的位置和"易燃、易爆用品"的合理放置。

2. 治安安全管理

盗窃是发生在旅游景区住宿设施内最普遍、最常见的犯罪行为,旅游景区酒店设施盗窃案件主要分为外部不法分子作案和内部员工借工作之便作案两类。旅游景区内的住宿设施要建立健全治安管理机构,在公安机关的指导下,不断加强酒店安全保卫工作,重视并打击各类违法犯罪活动,具体措施有:加强酒店入口、楼层走道、电梯口、楼梯口及其他公共区

8.3 旅游景区安全设施设备管理

域的监控，采用人员巡视、闭路电视监控、值岗等方式；加强客房门锁与钥匙控制管理，做到客房除正门外所有连接外界的门都要上锁。维护好门锁装置，改进电子门锁系统，完善房卡、钥匙丢失补领制度；配置游客财物保管箱并建立登记保管制度；严格规范酒店员工服务管理制度；住店游客寄存的行李中如有贵重物品应当向酒店声明，由酒店员工验收并交酒店贵重物品保管处免费保管；发生游客物品被盗失窃事件，酒店应及时报案，并积极配合公安机关调查取证，安抚失主；工作人员在岗位上拾获遗失的物品时应及时向上级报告，并将拾获物品上交。设法与遗失游客联系；发现有形迹可疑人员进出酒店，或有不法分子行凶，或遇到疑似爆炸情况时，工作人员应立即报告安保部门，由安保人员赶赴现场处理，控制局面并由安保部门向当地公安机关报警，由警方进行处理，安保人员要在现场设置警示标志，维护好现场秩序，疏散游客，同时警告其他无关人员不得靠近危险区。

8.3.2.4 餐饮设施公共卫生安全管理

旅游景区内所有饮食经营单位设立开业均须向当地卫生部门申请卫生许可证，餐饮设施须达到国家规定的卫生水准，服务人员须通过体检，持健康证上岗；景区管理部门需会同当地食品卫生监督部门定期开展对区内饮食单位的卫生检查、抽查工作，重点检查厨房卫生状况，防止生熟制品、原料辅料混放，导致交叉污染，以及器具消毒不力等现象，督促经营人员在食物采购、运输、生产、加工、烹饪、储藏环节严把卫生质量关；每日固定对炊具、盛器、餐具等进行卫生消毒；每日定时对饮食服务场所、厨房场所、物品储藏场所及灶台、餐台、餐桌椅等设施设备进行卫生保洁；对卫生条件不过关的饮食经营单位进行处罚，责令其暂停经营甚至取缔；提高服务人员的保洁服务意识和服务水平。有针对性地加强这方面的培训；解聘、处分相关责任人员。与发生食品事故的饮食经营单位解约，解聘、处分相关责任人员；在景区推广使用专业饮食服务企业提供的经过卫生消毒的清洁餐具。此外，针对非细菌性食物中毒，应在消毒防疫的基础上，开展景区环境治理，消除环境污染，消灭污染源，可采取杜绝使用当地水源，停止采购当地海产品、家禽、牲畜、蔬菜、山货、野味等应急措施，等政府部门做出的禁令解除后，方可恢复正常供给。

8.3.2.5 购物设施综合安全管理

旅游景区内的购物场所，包括各类大中型纪念品商场、大型综合购物中心、土特产批发市场、购物街、购物城等，应建立消防、治安、环境安全管理制度，配备安全指示标志、消防器材、报警装置防盗系统、照明应急系统、寻人广播系统等，设置安全疏散通道、安全救护设施，增加安防岗位，定时巡查，定期开展工作人员安全救援与逃生演练。

犍为县创5A提升规划：旅游安全设施体系规划

8.4 旅游景区安全救援与应急处置

8.4.1 旅游景区安全救援体系的作用

旅游安全救援是对旅游活动中发生安全事故的相关当事人提供的紧急救护和援助，是保障游客安全、维护旅游业健康发展的重要方面。旅游景区安全救援体系是衡量旅游景区发展水平和管理能力的标志。我国旅游景区发展起步较晚，许多旅游景区普遍存在着应急救援组织不健全、救援装备缺乏、人员素质不高、力量薄弱、协调联动性差、应急救援预案编制不完善、演练和训练很少、没有建立旅游景区与社区及地方政府之间的应急救援配合协调机制等问题。在旅游景区内建设安全救援体系具有以下作用：

1. 保障旅游景区旅游活动的正常进行

大多数旅游景区由于特殊的自然环境和社会人文环境的限制以及每年旅游旺季游客的集中，会产生诸多安全问题，如因旅游车辆和游船超速、超载和超期服役所引发的安全运输问题，旅游景区主要路段、主要参观游览点、险要狭窄地段的安全事故问题，登山、越野、滑翔、蹦极等风险性旅游项目突发性安全事故问题等。在旅游景区内建设有效的安全救援体系首先可以保证旅游活动的顺利进行，在发生旅游安全事故的时候，也能够最大限度地降低事故所造成的损失，不至于使旅游景区面临灾难性的后果。

2. 满足游客游览求安全的心理需要

旅游的本质与特征使安全问题凸显出来。一方面，旅游的流动性、异地性、实时性使游客在旅游活动中处于一种完全陌生的环境里，从而产生不安全感，对安全的需求必然上升。另一方面，旅游的本质决定游客以追求精神愉悦与放松为目的，这容易导致游客放松安全防范，使安全问题增加。因此，游客既需要安全，又放松安全防范，而安全问题的产生又刺激新的安全需要。以蹦极为例，专家认为水面对高空蹦极的保护作用不大，但多数蹦极爱好者都会安心地选择有水面保护的高空蹦极而拒绝没有水面保护的高空蹦极，其依赖心理是：万一发生事故，还有水面保护，落入水中后有旅游安全救援，不至于马上毙命。旅游景区安全救援体系的建设能够为游客建立良好的安全感，增强游客参与旅游活动项目的信心，同时，也能在一定程度上减少安全事故。

3. 确保旅游景区旅游救援的时效性

在旅游景区安全事故发生后，救援体系能够及时出动进行紧急救援，同时能够为安全救援时的多方协作、共同作业提供平台和空间。这样一个有效的、及时的救援体系不仅能够确保游客在第一时间得到救援，而且在进行小规模的救援时，能够降低救援成本，不必调动所有部门参与。

4. 充分调动全社会关注旅游安全的有效渠道

相关调查发现，我国社会大众的旅游安全意识尚显薄弱。旅游景区安全救援体系的建立，首先，使社区和公众参与旅游救援；其次，通过旅游安全管理和具体的管理举措对社区和公众起到潜移默化的影响；最后，通过大众传媒让社区和公众了解、认识旅游安全，提高旅游安全意识，正确看待旅游安全。

8.4.2 旅游景区安全救援体系的构建原则

1. 统一领导，部门协调配合，社会广泛参与

旅游景区安全救援体系涉及面广，内容复杂，因此，必须在各级政府的领导下进行建设；同时部门要协调配合，社会各个层面要广泛参与，提高全民的景区安全救援意识。

2. 启动迅速，高效施救

要突出"紧急"和"施救"的特点，根据现实和发展的需要，充分利用现代信息网络和先进的技术装备，保证景区安全救援体系的先进性和高效性。

3. 条块结合，以块为主

旅游景区安全救援体系坚持以景区或者属地为主的原则，事故的救援工作应在当地政府的领导下进行。旅游景区结合实际建立本区域安全救援体系，满足救援工作的需要。同时，依托一些行业、地方和企业的骨干救援力量，对专业性较强、地方难以有效应对的重大事故的应急救援提供支持和援助。

4. 统筹规划，合理安排

根据旅游景区内部景点分布状况以及旅游景区重点危险源分布状况及交通地理条件，对应急救援的指挥机构、队伍和应急救援的培训演练、物资储备等进行统筹规划，使旅游景区内应急救援体系的布局能够适应实际需要。

5. 整体设计，分步实施

根据规划和布局对旅游景区安全救援体系的指挥机构、主要救援队伍、主要保障系统等实行一次性总体设计，按轻重缓急有计划地分类实施，突出重点，注重实效。首先，组建应急救援指挥中心，形成安全救援体系的核心；其次，在整合现有应急救援资源的基础上，按照合理布局、资源共享的原则，重点装备和充实一批骨干救援队伍。这支队伍既是旅游景区安全救援体系的主体，又是专业救援体系的参与者，接受上级专业救援指挥中心的业务指导和救援指挥，同时，服从旅游景区所在地生产应急救援指挥中心的应急救援指挥和协调。通过职责明确、反应灵敏、运转协调的工作机制和现代信息通信网络，使行政区域内各种隶属关系的救援队伍和资源等形成一个有机的整体，充分有效地发挥救援的职能。

8.4.3 旅游景区安全救援体系框架的构成

8.4.3.1 旅游景区核心安全救援系统

旅游景区安全救援体系包括旅游景区安全救援指挥机构和旅游景区所在辖区内各种隶属关系的安全救援队伍及资源。旅游景区要根据救援体系总体规划和统一部署，结合本地实际情况，积极开发利用现有救援力量和资源，建立相对独立的救援体系，同时，加强同上级应急指挥中心的信息联络，并接受指导和调度，有机地融入旅游景区生产安全救援体系。旅游景区救援指挥中心的主要职能是组织、协调本地生产安全救援工作，负责统一规划本地生产安全救援力量和资源，组织有关部门和单位进行应急预案的编制、审查和备案工作，分析、预测重大事故风险，及时发布预警信息，联络、沟通上下级应急救援信息。

8.4.3.2 社会专业救援机构

社会专业救援机构是旅游景区救援体系的骨干力量，包括隶属于当地有关部门或行业的专业应急救援指挥机构、本旅游景区救援基地，以及服务于本专业应急救援机构的教育、培训、演习等系统。社会专业救援机构整体应纳入各地的救援体系，相关救援资源和救援预案应纳入各地的生产安全救援体系。社会专业救援机构主要职能是负责旅游景区的旅游安全应急救援工作，统一规划和管理本专业生产安全应急救援相关资源，组织、检查本专业应急预案的编制、审查和备案工作，组织本专业应急救援培训和演习，建立与上下级应急救援机构的通信与信息联络。

8.4.4 旅游景区安全救援体系的构建措施

统一指挥的应急救援协调机构、专业化的紧急救援队伍、精良的应急救援装备、完善的应急预案等已成为国际社会公共安全救援体系的基本运作模式。结合目前国内旅游景区发展情况，建立景区安全救援体系应该从以下几方面入手。

1. 构建以武警消防为骨干的专业化旅游景区救援队伍

消防救援人员是目前我国社会紧急救援的骨干力量。旅游景区救援有其特殊性，其最主要的救援任务主要集中在旅游旺季。因此在目前情势下，要从体制、编制、法律和经费保障等方面打破我国现行的救援体系，将消防部队建设作为景区安全应急救援体系建设的重要内容，加速消防部队职能向多功能方向发展。其方法如下：一是要开辟各种途径，扩充现有人员编制，提高从业人员的素质；二是要加大消防经费、基础设施和装备的投入，特别是加强消防特勤队伍建设，将消防警力、消防基础设施和消防装备建设与社会经济发展同步考虑、同步建设，为承担应急救援任务提供组织和物资保障；三是开展有针对性的抢险救援业务训练和理论知识培训，掌握各类灾害事故的处置程序和各类抢险救援器材的使用，着力提高部队灭火和救援的实战能力。

2. 理顺职能，整合资源，建立、完善景区救援联动机制

要结合旅游景区安全风险的特点，理顺职能，整合资源，建立、完善旅游景区救援联动机制。消防以及医院等属地社会救援机构，乃至国家和国际救援机构实现有效整合。应当重视体制的改革和创新，积极对现有的各种紧急救援力量进行优化组合和合理配置，在以消防部队为核心救援力量的基础上，建立包括救援行动指挥、管理、专业救援机构、后勤支援与保障等统一的、强有力的灾害紧急救援管理和指挥体系，让整个社会的救援力量形成一股有效合力，使人力、物力、财力及其他社会资源得到充分利用。另外，应充分利数字化、信息化、网络化技术，建立统一的应急救援联动指挥中心和特服号码，以快速的信息传递网络、完整的基础信息数据、先进的指挥系统和经验丰富的专家智囊团为基础，实现跨部门、跨地区以及不同警种、救援力量之间的统一接警、统一指挥、协同作战，对特殊、突发、应急和重要事件做出准确、快捷、有序、高效的反应，使抢险救援工作进一步程序化、规范化、制度化。此外，对于一些特殊的景区活动的安全救援工作（如探险旅游安全救援等）要充分利用社会专业救援力量。

3. 制定切实可行的抢险救援预案，并加强演练与修订

制定救援预案是旅游景区提高抗御各类恶性灾害事故能力的有效途径，其基本内容应包括应急救援的各种组织及其组成、职责、任务分工、行动要求；事故源点的位置、源性、危害方向、应急等级等；力量调派的具体要求；抢险救援的基本程序；通信联络的方式；各种技术装备和物资的配备要求及供给渠道等；与抢险救援相关的其他资料，如救援力量的分布、执行力量情况，危害区域内重点目标的分布、人员密度、道路情况、气象、水源等。在此基础上，定期组织相关人员开展针对性的模拟训练和协同演习，及时发现与实际不相符的情

况，进行修订和完善。

4. 综合运用多种手段，全面提高灾害的应急管理和救援能力

加大旅游景区安全事故预防和控制的研究力度，确立社会灾害管理总体目标，综合运用工程技术及法律、经济、教育等手段。灾害事故的预防和控制是一门边缘和交叉的学科，因此应跨部门、跨行业抽调专业研究人员，成立灾害事故研究中心。针对各种灾害的特点和规律，结合景区的实际，对紧急灾害事故进行深入科学的分析，预测危害程度，做好各种灾害事故的预防工作；提出应对措施并在灾害发生后，指导救援行动的实施。

全面排查安全隐患 加强风景名胜区安全管理

8.4.5 旅游景区安全事故的应急处理

8.4.5.1 交通事故安全应急处理

1. 及时上报

事发现场的目击人员应立即上报旅游景区管理部门。旅游景区管理部门及时报告主管部门和所在地的各相关职能部门，甚至当地人民政府。如事故涉及境外游客，还要上报外事部门。当发现肇事逃逸车辆逃离现场时，还要向公安、交管部门报告肇事逃逸车辆的车牌号、车种、颜色等特征。若发现事故现场有汽油泄露或装载货物中有可燃、易燃、易爆物质，在注意自我保护的同时，应迅速报警。

2. 保护现场

会同事故发生地的有关单位严格保护现场。旅游景区管理部门责成安防人员对事故现场实行交通管制，维持现场秩序，疏导过往车辆和群众。

3. 协同配合

旅游景区安防人员在事故现场应积极配合各有关单位的工作，提供必要的帮助；旅游景区管理部门负责人应及时赶赴现场协调处理事故，配合有关单位、部门开展调查取证、保险理赔、行政处罚、民事调解等工作，并安抚旅游团其余未受伤游客的情绪，及时对其进行转送并妥善安置。

4. 撰写事故报告

旅游景区安防部门应就事故发生的经过、造成的损失、处理过程等进行详细的说明，撰写事故报告上报旅游景区管理部门，并转交相关上级职能部门。

5. 处理善后事宜

旅游景区管理部门要针对问题原因彻查与研究旅游景区道路交通状况，对交通事故发生地的安全标志、防护设施、通信保障、事故急救装备、应急车辆配置、应急人员救助技能等存在问题的环节进行改进。

8.4.5.2 旅游景区治安安全事故的应急处理

1. 盗窃和抢劫事故的应急处理

（1）了解情况，保护现场。

安防人员应查明事故发生的经过，设置现场警戒区，对失窃处、犯罪分子必经之地和可能出入的场所遗留的作案痕迹要妥善保护，维持原状。不准触摸犯罪分子动过的物品，如家具、门窗等，不要做模仿实验以免留下新的痕迹，破坏旧的痕迹。

（2）及时报案。

及时上报旅游景区负责人或主管部门，请求批示。说明事故发生的时间、地点、经过，提供犯罪分子的身材、长相、穿着等特征，以及受害者的人数、性别、年龄、工作、身份等特征，损失物品的名称、数量、形状、规格、型号等特征。

（3）安置游客。

将游客转移到安全的地点，并设置隔离区、警戒线、纠察队。封锁通向案发现场的交通要道、设岗检查过往车辆，加强景区各个出入口的安保力量。

（4）现场勘查。

划定勘查范围，确定勘查程序，盗窃案发现场勘查的重点是：①现场出入口勘查，因现场出入口可能是犯罪分子的经由之地；②被盗财物现场勘查，被盗财物现场是犯罪活动的中心部位；③现场周围勘查，主要是为了发现犯罪分子的作案路线和作案后可能停留或藏身的场所，有无痕迹或遗物等；④提取物证，供技术鉴定使用。

（5）稳定秩序。

稳定旅游团或其他住店游客的情绪，维护旅游景区正常的游览秩序和酒店正常的接待秩序，并给予游客一定的补偿。

（6）协查工作。

通过调看现场监控画面、现场拍照图片，根据报案人、在场当事人、知情人提供的资料，分析判断案情、做好记录；与公安机关合作，无条件服从公安机关的指挥，配合调查取证工作。寻找目击证人和物证，搜寻关键线索，在旅游景区内部排查与案情有关的各类人员。在公安机关的指示下，向旅游景区周边发出协查通报，最终锁定犯罪嫌疑人，在旅游景区内张贴通缉令。

（7）撰写报告。

撰写书面报告，说明案件的性质、采取的措施、受害者的反应及要求等。

2. 敲诈勒索、欺骗事故的应急处理

（1）了解情况，迅速报警求助。

（2）旅游景区安防部门组成联防队（可联合当地民众）。根据受害者提供的线索，寻找目击证人和物证，搜寻关键线索，对购物区域的售货人员、相关闲杂人员展开拉网式的排查，发现可疑人员，立即向公安机关报告，以便对其进行缉拿抓捕，追回财物。

（3）与当地工商行政管理部门联手，整顿旅游景区内部的购物中心及商店、摊贩等个体工商户，规范市场经营行为。查处不法经营的"黑店""黑户"，维护好经营秩序，保证游客购物安全。该取缔的坚决取缔，该处罚的坚决处罚，绝不手软。涉嫌犯罪的人员移交公安机关，依法追究其刑事责任。

（4）安抚受害游客的情绪，给予一定的补偿。

8.4.5.3　景区火灾事故的应急处理

1. 组织灭火

（1）火灾发生部位的工作人员应立即向景区安全职能部门报告，说明失火部位和火势影响情况，失火现场及附近关联区域应立即暂停游客接待工作。

（2）安全职能部门立即上报旅游景区主要负责人，并报告当地公安消防部门，拉响警铃，下达紧急疏散命令。

（3）由旅游景区负责人和有关部门成立火灾抢险指挥部，通知旅游景区工作人员组成临时消防队赶赴火场。迅速查明起火准确部位，展开灭火救援；同时，命令工作人员通知并引导火场附近的游客或通过高音喇叭直接指示火场附近的游客在火势蔓延前，迅速通过应急疏散通道离开事故现场，告知在火场中心被围困的游客自救逃生的方法；命令关闭所有电源，关闭电梯、缆车等电力运载系统、通风系统，转移火场附近可燃的危险品；开启消防备用水源供给系统或开辟救火水源地；开辟、疏通并维护消防通道，向消防部门提供景区或住宿设施的消防规划设计图，引导消防队救援；设立警戒线，维持消防秩序，阻止工作人员、游客或周边群众擅自闯入火场；指派医务人员赶赴现场开展抢救工作，将伤员转运到医院；安抚游客情绪，稳定接待秩序。

2. 保护火灾现场

（1）注意划定和保护起火点。

（2）火灾扑灭过程中，不允许擅自清理火灾现场。火源全部扑灭之后，经公安部门允许

方可开展清理工作。

（3）勘查人员在现场工作时应小心，不要贸然行动。

3. 组织力量调查起火原因、做出技术鉴定

积极配合公安部门，寻找有关起火证据和证人，推断起火的原因：是员工失职、违反安全操作规程导致的，还是自然现象造成的，抑或是人为纵火。

4. 善后措施

（1）对事故人员伤亡、财产损失进行统计。
（2）严肃处理有关责任人，追究其法律责任。
（3）对广大工作人员进行防火安全再教育。
（4）安抚受害游客及前来探望他们的亲属，并做出相应的补偿。

10.01 广西桂林景区火灾事件

8.4.5.4 景区自然灾害事故的应急处理

1. 启动环境监测响应处理机制

事故发生后，旅游景区应立即向上级主管部门报告，同时，向当地旅游行政部门通告情况，在旅游行政部门的指示下，通过媒体发布旅游预警，或有计划地控制游客接待数量。

2. 积极配合有关部门的抢险救助，开展紧急救援行动

组织专业教授队伍深入事发地抢救遇险游客，将受伤游客紧急转送到医院进行治疗抢救。

3. 通过高音喇叭或喊话告知自救方法和措施

救援人员对难以靠近的事发地的遇险游客，应通过高音喇叭或喊话告知其安全自救的正确方法和避险的紧急措施，并使其克服恐惧焦躁的情绪。

4. 转移受阻滞留游客

将受阻滞留的游客迅速转移，安置在安全的区域并安抚其情绪。

5. 适时封闭旅游景区

开展环境整治，请求有关部门扑灭山火、治理水患，划定隔离带、警戒区，适时封闭旅游景区，停止接待，转移当地居民和旅游景区工作人员。

6. 展开调查

查清事故原因，评估事故发展趋势，预测事故后果，为制定现场抢救方案提供参考。

7. 通报有关部门

紧急增设、加固防护设施，并将紧急处理情况通报给有关部门，并获得认可。

8. 灾后重建

开展灾后重建，恢复建设原有旅游项目，待工程结束后适时对外解除旅游禁令。

8.4.5.5 旅游景区食物中毒事故的应急处理

1. 赶赴现场，确认事件

在现场确认事件时应了解事发现场情况，询问相关人员和在场群众，观察受害游客，对其病源进行判断，并对受害游客进行统计。

2. 上报旅游景区管理部门，成立临时指挥部

事件上报当地卫生医疗与防疫部门，同时向旅游景区主管部门报告，服从上级部门做出的安排，临时指挥部负责整个抢救与处理工作。

3. 协同医疗单位组织开展紧急抢救工作

设法帮助游客催吐，并让他们多喝水排除毒物，把严重的中毒者送到附近医院进行救治。

4. 收集物证，查明毒源

收集与食物中毒有关的食物、餐具、呕吐物等，交由卫生防疫部门化验取证，对现场遗留物和剩余食物、原料、容器具等不能移动、踩踏、洗刷、清扫。留待卫生防疫部门调查后，方可进行消毒、扑杀（害虫）、销毁处理。

5. 写事故发生报告，并报告主管部门，追究饮食经营单位的责任

对事发的饮食经营单位责令停业，由卫生执法部门调查后暂扣一切食品原料和一切生产经营器具，令其接受处罚或取缔。接受处理后应立即按照要求整改，经卫生防疫部门验收合格后，方可恢复饮食经营。

四川海螺沟景区游客食物中毒1人死亡42人入院

复习思考

一、单项选择题

1. 下列关于旅游景区火灾事故处理步骤正确的是（　　）。
   A. 报警报告—组织灭火—保护现场—调查起因—善后处理
   B. 报警报告—保护现场—组织灭火—调查起因—善后处理
   C. 组织灭火—报警报告—保护现场—调查起因—善后处理
   D. 报警报告—调查起因—保护现场—组织灭火—善后处理

2. 下列关于旅游景区食物中毒事故处理步骤正确的是（　　）。
   A. 赶赴现场—上报有关部门—开展救援抢救—调查原因—撰写事故报告
   B. 上报有关部门—赶赴现场—开展救援抢救—调查原因—撰写事故报告
   C. 开展救援抢救—上报有关部门—调查原因—开展救援抢救—撰写事故报告
   D. 赶赴现场—开展救援抢救—上报有关部门—调查原因—撰写事故报告

3. 停车场管理属于（　　）。
   A. 旅游景区交通管理　　　　　　B. 旅游景区住宿管理
   C. 旅游景区环境管理　　　　　　D. 旅游景区接待管理

4. 旅游景区安全管理系统不包括（　　）。
   A. 安全预警系统　　　　　　　　B. 控制机制系统
   C. 应急救援系统　　　　　　　　D. 事故追踪系统

5. 旅游景区专项设施设备管理不包括（　　）管理。
   A. 游览设施设备　　　　　　　　B. 餐饮设施设备
   C. 住宿设施设备　　　　　　　　D. 交通设施设备

二、判断题

1. 按照管理学原理，旅游景区安全管理最重要的是适时管理，即安全事故发生后的管理。（　　）

2. 旅游景区旅游安全信息管理系统主要由三个子系统构成：天气预报信息、环境污染信息和旅游容量信息。（　　）

3. 旅游景区安全预警系统一般包括：自然灾害预警系统、环境污染预警系统、环境容量预警系统、设施设备损害预警系统。（　　）

4. 旅游景区停车场区域规划只需要规划自驾车的停车位即可。（　　）

5. 旅游景区遇到恶劣天气、自然灾害等严重影响交通安全的情形，在相应措施难以奏效时，向公安交通管理部门申请实行交通管制。（　　）

第8章 旅游景区旅游安全管理

三、简答题

1. 旅游景区不合理容量所产生的消极影响有哪些？
2. 旅游景区停车场安全管理需要注意哪些重点方面？
3. 旅游景区水域安全管理应该注意哪些重点方面？
4. 旅游景区交通事故安全的应急处理有哪些流程？
5. 某旅游景区包括 A、B、C 三个旅游景点。A、B 两个旅游景点的面积分别为 800 m^2、1 200 m^2。每天可游时间为 9 h，游客在 A、B 两个旅游景点的平均逗留时间分别为 3 h、2 h，游览空间标准为 40 m^2/人；C 旅游景点面积为 200 m^2，每天开放 3h，游客在此停留的时间为 1.5 h，游览空间标准为 0.5 m^2/人。A、B、C 三个旅游景点之间连接道路长度共计 2 500 m，一天可游时间为 8 h，游客在游道上的停留时间平均为 4 h，游客在游道上的合理间距为 5m/人。

（1）请问该旅游景区的环境日容量是多少？

（2）如果要扩大旅游景区的日容量，可以采用哪些方法和手段？

第 9 章

旅游景区环境和资源保护管理

学习目标

※ 知识目标

1. 了解旅游景区环境的界定；熟悉旅游活动对旅游景区环境的影响；掌握旅游景区旅游环境管理的对策。

2. 了解旅游景区资源遭到破坏的原因；熟悉旅游景区资源保护管理的目标；掌握旅游景区资源保护管理的措施。

※ 能力目标

1. 对旅游景区进行实地考察后，能够对旅游景区环境的影响做出分析，并提出相应的管理建议。

2. 对旅游景区进行实地考察后，能够对旅游景区资源保护状况做出分析，并提出相应的管理建议。

内容框架

旅游景区环境和资源保护管理
- 旅游景区环境质量管理
  - 旅游景区环境概述
  - 旅游对旅游景区环境的影响
  - 旅游景区环境管理的对策
  - 旅游景区环境质量评价
- 旅游景区资源保护管理
  - 旅游景区旅游资源遭到破坏的原因
  - 旅游景区资源保护的管理措施
  - 旅游景区旅游资源保护的目标

案例导入

多旅游景区发禁游令 反思重开发轻保护

可可西里、三江源、青海湖、年保玉则……云海、雪山、湖泊、湿地，美轮美奂，是无数人心中的人间净土。然而，茵茵草场上垃圾随处可见，植被沙化、水质恶化，动物受侵扰，被污染的美景犹如美丽少女蒙上尘垢，令人心痛不已。

第9章 旅游景区环境和资源保护管理

我国正处在旅游业快速发展时期，不少地方都把旅游业当作主导产业或支柱产业来发展，以前人迹罕至的偏远景区都因为其神奇、瑰丽、静谧的原生态受到不少游客的狂热追捧，导致大量游客涌入，但相关管理应对不足。

青海旅游谢客令凸显旅游行业痼疾。不少人认为旅游业是"无污染产业"，是利用天然资源进行开发，既增加群众收入、搞活当地经济，也让游客欣赏美景，一举多得，其实这是一个误区。任何资源都是有成本的，任何开发也是有代价的，游客大量涌入，非法穿越，随意使用航拍飞行器、随手扔垃圾等，严重影响了野生动物的正常生活而且破坏了自然环境，而只强调收益、不重视成本、超出负荷能力的片面开发思维会使管理失序，加上游客的不文明行为，让当地生态岌岌可危。重开发轻保护，尤其是漠视生态环境的旅游开发是不可持续的严重失误，必须予以"当头棒喝"。

（资料来源：https://baijiahao.baidu.com/s?id=1604206300611013088&wfr=spider&for=pc）

9.1 旅游景区环境质量管理

旅游活动是在一定地域空间对旅游资源进行的审美体验经历，是在一定的环境下实现的。拥有良好的旅游环境的旅游景区，必然增强旅游景区旅游资源的旅游价值，提升对游客的吸引力。

9.1.1 旅游景区环境概述

9.1.1.1 旅游景区环境概念及分类

旅游景区环境是指围绕在旅游景区旅游资源周围的其他自然生态、人文因素的总和。良好的旅游景区环境必须做到自然环境未受到污染，当地人文环境未遭到破坏，并能满足游客观赏行为和心理活动的要求。旅游景区环境内容广泛，为了更好地研究环境的性质，往往从环境整体的各个独立、性质不同而又服从整体演化规律的基本物质组成入手，按环境要素可分为三部分。

1. 旅游景区自然环境

旅游景区自然环境是指旅游景区依托的各种自然因素的总和，是旅游景区的大气、水体、生物、土壤、岩石所组成的自然环境综合体。它是旅游景区旅游活动的基础环境，对旅游景区的可进入性、交通线路、网络等有重大影响，而且对旅游客体的形成和分布等都起到

2. 旅游景区人文环境

旅游景区人文环境是指景区旅游依托的各种社会物质、精神条件的总和。它是旅游景区旅游活动的人文背景，其发展和演替，受自然规律、经济规律及社会规律的支配和制约，是人类精神文明和物质文明发展的标志，同时，随着人类文明的演进而不断丰富和发展。

3. 旅游景区服务环境

旅游景区服务环境包括旅游景区的硬件服务设施与景区服务人员所提供的服务总和。旅游景区的硬件服务设施包括停车场设施、售检票设施、入口区设施、游道设施、交通通信设施、标识指引设施、游览活动设施、餐饮设施、购物设施、卫生设施等，游客从进入旅游景区到游览结束都需要旅游景区工作人员的服务，包括停车场服务、售检票服务、入口服务、导游讲解服务、交通服务、餐饮服务、购物服务、卫生保洁服务、咨询服务等。

旅游景区服务规范基本要求

9.1.1.2 旅游景区环境的特点

1. 内容的广泛性

旅游景区环境既包括各种天然的和经过人工改造的自然因素的总体，如地质地貌、大气、水体、动植物、自然保护区及各类自然遗址等，以及由这些自然因素共同构成的生态环境，还包括风景名胜区、人文遗迹、社会经济文化、城市和乡村以及旅游接待设施和服务等。

2. 要素的脆弱性

脆弱性是相对于旅游活动干扰而言的。构成景区环境的诸要素在旅游活动的干扰下，会受到一定程度的干扰，产生动态变化，如周期性变化（季节性、节律性变化）和随机性变化（如非典型肺炎对我国旅游业的影响）、突变性（如地震），表现出明显的脆弱性，从而使旅游景区环境呈现出动态的不确定性，增加了人们认识和调控景区环境的复杂性和困难性。

3. 形式的地域性

地域性是指环境特征的区域差异，或称为多样性，是共性之中的个性体现。人们的旅游动机之一就是追求异域环境与自己常住地域环境的差异性，所以旅游景区环境的显著特点就是景区环境的地域特色。为了满足游客追求差异性的旅游需求，旅游景区在开发建设中要追求独特的地域性，在旅游景区经营中要保护旅游景区环境的地域特色。

4. 项目的休闲性

人们到达旅游景区游玩，不再受以往各种角色和行为的羁绊，心灵自由放松；通过在景区的游憩，雄伟秀美的山水风光和珍奇瑰丽的名胜古迹给人们带来精神上的享受和放松，从而使人们在体验旅游活动的过程中疲劳得到恢复，精神获得欢愉、性情得到享受，甚至激发对生活的热爱和对生命的渴望。旅游活动起到了消除疲劳、放松精神、增进健康的作用，体现了旅游景区旅游项目的休憩性。

5. 质量的优越性

人们进行旅游活动的目的就是审美享受和追求高品质的环境质量，游客在旅游景区游憩活动中接触到的应该是安全、优美、清洁、友善的环境，如空气清新、水体洁净和卫生良好等。同时，旅游景区环境不仅要满足游客更好的生理要求，还应满足其更高的心理和审美需求。因此要求旅游景区风光优美、景观协调、气氛融洽、服务周到、设备完善、秩序井然、接待地居民热情好客，使游客感到轻松、自由、舒适、愉快，旅游景区的环境质量要明显高于人们日常生活环境，这是由旅游活动本身的特征所决定的。

> **知识拓展**
>
> ### 嘉阳·桫椤湖景区
>
> 嘉阳·桫椤湖景区位于四川省乐山市犍为县西北部，是国家5A级旅游景区，主要由嘉阳国家矿山公园、桫椤湖等组成，面积达51.32 km²，横跨石溪镇、芭沟镇、马庙乡、同兴乡四个乡镇，地文景观、生物景观、人文景观分布其中。
>
> 该景区拥有两个"活化石"，两个国家级公园。一是植物"活化石"桫椤树，其规模大、树形多、植株高，被中国野生植物保护协会授予"中国桫椤之乡"称号，被国家林业局（现国家林业和草原局）授予国家湿地公园资格；二是工业革命"活化石"蒸汽小火车，以"轨距窄、弯道多、坡度陡、最原始手动操作"闻名于世界，被国土资源部（现自然资源部）授予国家矿山公园资格。景区空间组合好，形成一条"不走回头路"的旅游环线，是典型的集生态观光、文化体验为一体的综合型旅游景区。
>
> 该景区自从2011年10月嘉阳·桫椤湖旅游环线打造、开通以来，在满足游客观光体验多样化需求的同时，提高了环线景区游客接待能力，缓解了游客滞留现象。2015年1月，嘉阳·桫椤湖景区成功创建为国家5A级旅游景区。2017年1月，嘉阳·桫椤湖景区创5A通过省级评审。

> 嘉阳·桫椤湖景区环境的特点有哪些？

9.1.2 旅游对旅游景区环境的影响

9.1.2.1 旅游对旅游景区环境的有利影响

1. 改善旅游景区的生态环境

在旅游景区开发中，可采用旅游生态建设和污染治理措施，使开发出来的旅游景区环境比原来的生态环境质量更高，即旅游开发美化了生态环境。在旅游景区经营过程中，若可以科学地加以管理，则能使当地的生态环境进入良性循环。

2. 提高旅游景区的人文环境

旅游景区开发能增加当地居民的就业机会，使更多人有业可从，解决了社会中的就业难题，降低了社会治安事件的发生概率。同时，各地游客的进入，加强了当地居民和外界的接触和交流，扩大了视野，提高了人文素养。

9.1.2.2 旅游对旅游景区环境的不利影响

1. 旅游导致旅游景区自然环境质量下降

随着游客的大量涌入，旅游景区如不能合理管理，由此而导致的排污量的增加和机动船只使用量的增大，加重了当地的水质污染。伴随着旅游交通运输量的加大，机动交通工具的废气排放量增多。

2. 旅游对旅游景区社会文化环境的冲击

如果缺乏科学规范有效的管理，会造成旅游景区旅游市场竞争秩序混乱，进而导致为了追逐经济利益而道德沦丧，严重时会使游客感到一路上没有"风景"只有"陷阱"。由于缺乏对原有景观文化内涵的理解，旅游景区景点不伦不类，失去了原有的历史文化底蕴。超负荷接待游客，使古建筑由于踩踏等遭到损坏；游客乱刻乱画、随意触摸文物，直接或间接导致文物被破坏。

3. 旅游对旅游景区生态环境的破坏

研究表明，大规模的旅游活动会导致旅游景区生态环境的损害。例如，游客的大量到访会干扰野生动物的栖息环境；植物会因人们过度踩踏而破坏；游客乱丢废弃物不仅会影响旅游景区环境的美感质量，还会危及动植物的生存。有些游客在旅游景区的放生行为会造成外来物种入侵的现象发生，这些都会导致旅游景区生态系统的破坏。

第9章 旅游景区环境和资源保护管理

> **想一想**
> 同学们在旅游过程中,感受到的旅游活动对旅游景区的影响有哪些?

9.1.3 旅游景区环境管理的对策

旅游景区环境管理是指运用经济、法律、技术、行政、教育等手段,提高环境的资源价值,建设环境以增强旅游景区的旅游吸引力。对一切可能损害景区环境的行为和活动施加影响,从而协调旅游景区经营活动与环境保护之间的关系,以实现旅游景区经济效益、环境效益、社会效益的统一。在旅游景区的开发过程中,必须树立"保护中开发,开发中保护"的原则,严格遵守国家有关景区环境保护的法律法规,采用切实可行的具体方法进行有效管理。

9.1.3.1 旅游景区生态环境的管理对策

(1)对于已遭污染的旅游生态环境应采取有效治理措施,从根本上治理污染,如旅游景区内和周边的污染工厂要坚决搬走、旅游景区内严禁发展污染工业等。

(2)若旅游生态环境的某一部分已遭到破坏,影响了整个生态环境,则应对该旅游景区进行相应的生态环境修复。要根据旅游景区的自然环境特征进行生态恢复,既能维护生态系统的生态效益,又具有旅游观赏价值。

(3)旅游超载是导致旅游活动污染旅游生态环境、破坏旅游业发展的根本原有所在。因此,在旅游景区开发和管理中,控制景区旅游生态容量是关键。

(4)对于自然界对景区旅游生态环境的突发性破坏(如地震、火山、台风等),人类目前只能部分预测,进而加以防范但不能避免。但对于缓慢的破坏,却可以通过一定的措施,减缓其对旅游生态环境的破坏,如珍稀濒危动植物的异地移植保护、人工植树造林。

9.1.3.2 旅游景区社会环境的管理对策

(1)只有在安定的景区社会环境中,游客的人身安全才有保障,才谈得上旅游。因此,任何国家或地区若要发展旅游业,必须要有安定团结的社会政治局面。

(2)游客与旅游服务人员之间、游客与当地居民之间、游客与游客之间的社会关系若管理不当,均会成为旅游景区恶性社会事件爆发的潜在因素。因此,在旅游景区管理中,应在尽量满足各类人员需求的同时,创造良好的人际关系与社会治安环境,使游客愉快地进行旅游活动。

(3)旅游景区居民文明礼貌的行为会给游客留下良好的印象;反之,再好的风景也会使游客扫兴而归。为此,提高旅游景区居民的文明素养,能创造出良好的旅游社会环境。

9.1.3.3 旅游景区服务环境的管理对策

（1）旅游景区服务环境的衡量指标主要是旅游接待设施，而旅游接待设施的规模又是以旅游市场需求为导向的，旅游设施超过旅游经济环境容量，会造成间接浪费；反之，则对旅游设施造成危害和破坏，进而造成景区旅游环境问题。因此，景区旅游服务设施要合理规划布局，既能满足游客的需求，又不造成服务设施的浪费。

（2）旅游景区旅游服务人员水平不高、服务质量不高，致使旅游经济环境中硬件和软件不相配套，造成旅游设施的浪费。故目前而言，提高旅游景区旅游服务水平是提供旅游经济环境的关键。

> **知识拓展**
>
> **九寨沟全面开展景区环境整治工作**
>
> 为认真落实2019年4月28日全州全域旅游环境整治工作电视电话会议精神，连日来，九寨沟景区四个基层管理处、灾后重建各项目组分别召开环境整治部署会，安排本辖区和管理范围内环境整治工作，集中力量狠抓环境综合治理，重点清理工程项目建筑垃圾。
>
> 此次景区环境整治主要涉及景区道路景观美化、清污环保改造、旅游厕所提升、垃圾日产日清、污水随产随清、景区景点河道岸线周边区域垃圾清理等方面的环境整治工作。通过对景区内森林、湖泊、栈道、景点、边坡、公路、施工现场等进行拉网式排查和集中治理，目前九寨沟景区环境治理工作取得初步成效，景区各施工点干净有序，为打造"舒心、安心、放心"的全域旅游发展环境营造了良好的氛围。
>
> （资料来源：https://www.jiuzhai.com/news/scenic-news/6653-2019-05-04-10-42-30）

9.1.4 旅游景区环境质量评价

旅游景区环境质量评价是旅游环境质量控制和环境管理的重要手段，它不仅是旅游开发管理和组织旅游活动应关注的重要方面，而且是保护旅游生态环境、实现旅游景区旅游可持续发展的有效手段，对旅游业的发展具有很强的实用性。

9.1.4.1 旅游景区环境质量评价的概念

1. 旅游景区环境质量的概念

旅游景区环境质量，是指在特定的历史时期和特定的空间条件下，旅游景区环境系统状态的整体表现，即环境的总体或其中的某些要素，如大气、水体、地质、地貌、生物、设施等对游客的生理、心理及旅游活动的适宜程度。一个旅游景区的环境质量可以细分为空气环境质量、水环境质量、声学环境质量、土壤环境质量、固体废物环境质量以及社会环境质量。

2. 旅游景区环境质量评价的概念

旅游景区环境质量评价是指对人们的旅游发展需要与环境系统状态之间存在的客观关系进行评定，即从旅游开发经营和旅游活动的需求出发，运用相应的数理方法，对旅游景区环境系统状态的价值进行科学的评定。其实质是在旅游景区与旅游相关的环境要素调查的基础上，以旅游开发经营和旅游活动要求（适宜性或满足程度）为标准，对其质量优劣程度进行深入剖析和研究；其目的在于调整人们在旅游领域的行为，在人类社会行为的作用下，使旅游环境质量朝着更加有利于旅游业发展的方向变化。

9.1.4.2　旅游景区环境质量评价的类型

旅游景区环境质量评价的内容广泛、种类繁多。按照不同的标准，可以做出以下几方面的划分：

1. 从评价时间角度划分

（1）旅游景区环境质量的回顾评价。

如旅游景区环境质量回顾评价，是指对旅游景区过去一定时期的旅游环境质量，根据历史资料进行的回顾性评价，通过回顾性评价可以揭示旅游景区环境污染的发展变化过程。目前，我国只有少数旅游景区开展了回顾评价。

（2）旅游景区环境质量的现状评价。

一般是根据近两三年来的有关环境资料，对特定区域范围内的旅游环境质量进行的现状评价。它着眼于当前的现实情况，通过现状评价可以阐明环境的污染现状，为环境污染的综合防治及保护旅游环境提供科学依据。

2. 从环境要素角度划分

（1）旅游景区单个环境要素的质量评价。

把组成景区环境的各要素细分后，逐一进行单独质量评价。如空气环境质量评价、水环境质量评价、声学环境质量评价、土壤环境质量评价、固体废物环境质量评价以及社会环境质量评价。

（2）旅游景区部分环境要素的联合评价。

如旅游景区内的大气质量与水体质量的联合评价、地表水与地下水的联合评价、土壤与水体的联合评价。

（3）旅游景区整体环境质量的综合评价。

旅游景区整体环境质量的综合评价是指对旅游景区环境各要素进行综合评价。

3. 从旅游景区参数选择的角度划分

旅游景区环境质量评价可分为美学参数评价、生态学参数评价、卫生学参数评价、污染物参数评价等。由于环境质量评价的类型不同、目的不同，所选择的参数和标准也就不同，因此得到的结论也会随之变化。

9.1.4.3 旅游景区环境质量评价的内容

旅游景区环境质量评价的内容随不同的研究对象和不同的评价类型而有所区别，目前，多数旅游景区的评价为旅游环境质量现状的综合评价。旅游景区环境质量现状评价的基本内容可以归纳为以下三个方面：

1. 旅游景区旅游景观质量

旅游景观质量主要包括旅游景观的美学价值、历史文化价值、科学价值、奇特性、规模与组合状态、旅游功能等方面。

2. 旅游景区自然环境质量

旅游景区自然环境质量是保障旅游景区旅游发展的基础环境，也是对游客产生吸引力的物质基础。旅游景区自然环境对污染物质的承载力或负荷量，是以人类和生物能忍受、适当和不发生危害为原则。由于旅游景区自然环境质量的确定涉及面广，不确定因素较多，操作复杂及缺乏实证研究等，目前尚未形成一套完整而又实用的旅游景区自然环境质量的评价体系。

3. 旅游景区基础设施质量

旅游景区基础设施质量包括住宿设施质量、娱乐设施质量、安全设施质量、卫生设施质量等内容。评价旅游景区内基础设施时可参照国家及行业的相关标准，如《饭馆（餐厅）卫生标准》《文化娱乐场所卫生标准》《游泳场所卫生标准》等。

9.1.4.4 旅游景区环境质量评价的法律依据

目前，我国已经颁布的与旅游景区环境相关的法律依据有：

（1）环境保护基本法，即《中华人民共和国环境保护法》。

（2）环境保护单行法，包括《中华人民共和国大气污染防治法》《中华人民共和国水污染防治法》《中华人民共和国固体废物污染环境防治法》《中华人民共和国海洋环境保护法》《中华人民共和国水土保持法》《中华人民共和国水法》《中华人民共和国草原法》《中华人民共和国文物保护法》《中华人民共和国野生动物保护法》等。

（3）环境保护行政法规和部门规章，如《风景名胜条例》以及各种地方旅游法规及规范性文件。

9.1.4.5 旅游景区环境质量标准

1. 旅游景区环境质量应达到的标准

旅游景区环境质量标准如表 9-1 所示。

表 9-1 旅游景区环境质量标准

自然环境质量标准	大气质量 GB 3095—2012	噪声质量 GB 3096—2008	地表水环境质量 GB 3838—2002
5A 级	一级	一类	达到规定
4A 级	一级	一类	达到规定
3A 级	一级	一类	达到规定
2A 级	一级	一类	达到规定
A 级	一级	一类	达到规定

2. 旅游景区规划设计应达到的标准

（1）人文景观旅游景区绿地率不少于 30%；自然度假旅游景区绿地率不少于 50%。

（2）大气环境达到一级标准。

环境空气功能区分为两类：一类区为自然保护区、风景名胜区和其他需要特殊保护的区域；二类区为居住区、商业交通居民混合区、文化区、工业区和农村地区。环境空气质量标准分为两级：一类区执行一级标准；二类区执行二级标准。

（3）人体直接接触的水体达到《景观娱乐用水水质标准》A 类标准。

（4）环境噪声达到《城市区域环境噪声标准》0 类标准。0 类标准适用于疗养区、高级别墅区、高级宾馆区等特别需要安静的地区，位于城郊和乡村的这一类地区分别按严于 0 类标准 5 分贝执行。城市五类环境噪声标准值如表 9-2 所示。

表 9-2 城市五类环境噪声标准值

类别	昼间 / 分贝	夜间 / 分贝
0	50	4
1	55	45
2	60	50
3	65	55
4	70	55

（5）旅游景区内达到"公共场所卫生标准"，参照标准主要有以下几个：

① 《旅店业卫生标准》（GB 9663—1966）。

② 《文化娱乐场所卫生标准》（GB 9664—1996）。

③ 《公共浴室卫生标准》（GB 9665—1996）。

④ 《游泳场所卫生标准》（GB 9667—1996）。

⑤ 《图书馆、博物馆、美术馆、展览馆卫生标准》（GB 9669—1996）。

⑥ 《商场（店）、书店卫生标准》（GB 9670—1996）。

⑦ 《公共交通等候室卫生标准》（GB 9672—1996）。

⑧ 《公共交通工具卫生标准》（GB 9673—1996）。

⑨ 《饭馆（餐厅）卫生标准》（GB 16153—1996）。

⑩ 《公共场所用品卫生标准》（WS 205—2001）。

9.2 旅游景区资源保护管理

旅游资源是旅游景区的核心吸引力，是吸引游客的根本动力。旅游资源容易受到自然和人为的因素影响而发展改变，当损害达到一定程度时，就会降低景区的旅游吸引力。因此，保护和提升旅游资源是旅游景区生存和发展的基础，是旅游景区实现可持续发展的保障。旅游景区如何在经济效益、社会效益、环境效益三者之间找到平衡点，实现旅游可持续发展，成为旅游景区管理者和旅游界研究的重要问题。

9.2.1 旅游景区旅游资源遭到破坏的原因

9.2.1.1 自然原因

1. 突发性的自然灾害

旅游景区是地理环境的组成部分，大自然的发展变化都会重新塑造旅游景区资源，有些（如地震、火山喷发、台风、洪水、泥石流、山火等）突发性自然灾害对旅游资源的破坏是非常严重的，甚至可以使旅游景观消失，导致旅游景区自然衰败。如2017年8月8日九寨沟地震使著名的诺日朗瀑布垮塌，昔日雄伟壮观的瀑布变成了一股激流。

九寨沟大地震

2. 缓慢的自然风化

由于寒暑变化、风吹雨淋等自然因素，旅游景区旅游资源在自然状态下也会发生缓慢改变，这种缓慢性风化是旅游景区的另一自然衰变现象。自然风化对古迹和建筑物的破坏最多。例如，自然风化使山西云冈石窟栩栩如生的雕塑变得模糊不清，甚至消失。

北京卢沟桥石狮风化严重

3. 生物原因

生物在自身的生命活动中，主要对文物古迹建筑造成破坏，如白蚁、鸟类的破坏。随着世界经济贸易的往来，外来物种的入侵也会导致旅游景区的生态系统发生改变，从而对旅游景区的原有动植物造成破坏。

白鹿洞书院遭受白蚁啃噬

> **知识拓展**
>
> 自然灾害是指给人类生存带来危害或损害人类生活环境的自然现象，包括干旱、高温、低温、寒潮、洪涝、山洪、台风、龙卷风、火焰龙卷风、冰雹、风雹、霜冻、暴雨、暴雪、冻雨、大雾、大风、结冰、雾霾、地震、海啸、泥石流、浮尘、扬沙、沙尘暴、雷电、雷暴、球状闪电、火山喷发等气象灾害。

> **议一议**
>
> 哪些自然灾害对旅游景区造成的危害比较严重？

9.2.1.2 人为原因

1. 战争的摧毁

战争会对人类文明造成毁灭性的破坏，无数精美的古建筑毁于战火。战争会使森林植被遭到破坏，还会毒化空气和土壤，如罗马人曾经用盐污染敌人的土壤，使敌人因饥饿而战斗力削弱，这些均会对自然生态环境造成破坏。

2. 旅游景区缺乏科学的规划和管理

由于缺乏旅游资源的保护意识，旅游景区开发没有遵循法律法规和规划的要求进行，不可避免地对旅游景区资源造成破坏。缺乏有效的管理手段，如造成游客在旅游高峰时段集中涌入，产生的废水、废弃、废渣，超过旅游景区的环境容量，造成对旅游资源的破坏，而且还造成交通拥挤，秩序混乱。目前，采用大数据手段可以预测游客的数量，提前做出科学的应对管理方案。

3. 过分追逐经济利益

旅游景区经营主体为了追逐经济效益，在旅游景区内大量修建旅游接待设施，使旅游景区人工化、城市化现象严重，旅游景区内店铺林立，超负荷接待，破坏了旅游景区的自然生态环境和文化氛围。

4. 旅游景区居民和游客的破坏

不合理地开发利用自然资源造成的旅游景区旅游资源破坏，如当地居民对旅游景区周边垦荒毁林造成水土流失，过度放牧造成草场退化。为一己私利挖取长城砖石建房屋、盗取古墓文物等造成对文物古迹的破坏。游客由于缺乏公共道德、保护意识使旅游资源遭到破坏，如乱刻乱画、踩踏草坪、采摘花草等。

5. 旅游景区的环境污染

旅游景区内的宾馆、餐厅、茶楼、卫生间、机动车等服务设施产生的生活废气、污水和垃圾对旅游景区大气和水体的污染；游客乱扔垃圾对环境的污染。旅游景区内和周边的采矿业、烧砖厂等工业对旅游景区环境的破坏造成的后果更为严重。

> **想一想**
> 你熟悉的旅游景区遭到人为破坏的原因是什么？

9.2.2 旅游景区资源保护的管理措施

对于旅游景区而言，旅游资源是最核心的要素，资源的品质决定了旅游景区的发展潜力，是旅游景区赖以生存和发展的基础。旅游景区的旅游资源管理目标是在可持续发展的前提下，最大限度发挥旅游资源的价值。

旅游景区受降级、警告等处罚

9.2.2.1 法律层面

法律是一种强制性质的行为规范，在旅游景区旅游资源管理和保护中起到基础作用。但违法行为一旦发生，说明对旅游景区的破坏已经比较严重，虽说可以亡羊补牢，但付出的代价很大。目前我国涉及旅游景区旅游资源保护的法律法规（表9-3）从国家、行业、地方三个层面逐渐完善，成为旅游景区旅游资源保护的坚强后盾。

表9-3 旅游景区旅游资源保护的法律法规

法律法规名称	发布机构	发布时间
中华人民共和国旅游法	全国人民代表大会常务委员会	2013年4月25日
中华人民共和国风景名胜区条例	国务院	2006年9月6日

第9章 旅游景区环境和资源保护管理

续表

法律法规名称	发布机构	发布时间
中华人民共和国自然保护区条例	国务院	1994年10月9日
国家森林公园管理办法	国家林业局	2011年5月20日
水利风景区管理办法	水利部	2004年5月10日
中华人民共和国城乡规划法	全国人民代表大会常务委员会	2007年10月28日
地表水环境质量标准	国家环境保护局	2002年4月26日
环境空气质量标准	国务院	2012年2月29日
城市区域环境噪声标准	国家环境保护局	2008年10月1日
污水综合排放标准	国家环境保护局	1996年10月4日
文化娱乐场所卫生标准	卫生部	1988年8月13日

9.2.2.2 规划层面

建设旅游景区，必定会对原有资源造成改变，但并不意味着必定会有破坏。通过科学的规划，有序的引导，旅游资源可以得到合理的利用，从而促进旅游景区的可持续发展。目前，国内外有关旅游景区规划的科学理论（表9-4）日渐完善，而且得到了广泛应用。

表9-4 国内外旅游景区的科学规划理论

规划理论	核心理念
功能分区（国内普遍使用的景区规划手段）	通过功能分区，营造不同属性与功能的区域结构，每个区域结构有自己的个性与主题。根据每个分区单元的特征，进行相应的开发建设，给出不同的保护管理策略
游憩机会谱（国际上常用的景区规划技术）	该理论是在不断增长的游憩需求和使用稀缺资源引起冲突的背景下产生的，是一个编制资源清单、规划和管理游憩经历及环境的框架。游憩机会有六个类型：原始、半原始无机动车、半原始有机动车、通路的自然区域、乡村和城市
可承受的极限（美国国家公园体系中常采用的规划手段）	作为国家公园，在资源状况可允许改变的标准以内，对游憩利用不加以严格限制。一旦资源与旅游品质标准超出了"可允许改变"的范围，则严格限制游憩利用，并采取一切手段，使资源与旅游品质状况恢复到标准以内
旅游景观生态规划（景观生态学原理应用到旅游景区规划中）	景观生态学强调营造景区周边的大环境作为生态学中的"基质"，营造景区内部的"斑块"，并通过景观道路将"基质"和"斑块"相连，形成景观生态学中的"廊道"—"基质"—"斑块"大系统，从而改善旅游景区与外界的物质和能量交换

9.2.2.3 技术层面

随着科技的发展和各种监测能力的提高，国家也制定了相应的资源保护定量指标，跟踪旅游景区的开发和管理的效果，并及时做出控制反应，确保旅游景区可持续发展。旅游景区技术层面具体保护措施如表9-5所示。

旅游景区环境监测的作用

表 9-5 旅游景区技术层面具体保护措施

技术措施	主要内容
环境监测	在旅游景区重点地区设置观测点，进行环境质量跟踪监测，并结合各种数据进行环境评估
生态措施	抚育保育，封山育林，轮流开放；管理名木古树，驯化保护野生动物，使野生动物得到更好的繁衍生息，植被得到最大限度的保护
维护管理	合理利用旅游景区各个功能空间，定期闭门；维护管理的主要任务是保护留存的人文古迹旅游资源，确保人文古迹旅游资源可持续利用

9.2.2.4 教育层面

加强宣传教育，提高全民保护意识，转变旅游景区单位和当地居民单纯追求经济效益的短期行为，树立长远整体观念。游客在游憩过程中要自觉践行低碳旅游，时时有保护旅游景观的意识。旅游景区教育层面具体措施如表9-6所示。

表 9-6 旅游景区教育层面具体措施

宣传对象	教育内容
旅游景区居民	通过各类媒体向旅游景区居民宣传旅游发展对当地经济发展的重要意义，让他们以旅游景区为荣，以家乡为耀；采用政策手段鼓励旅游景区居民参与旅游建设和经营，通过转租、承包、雇佣和入股等手段和方式，与他们共享旅游发展的成果；举办旅游宣传教育活动，为旅游景区居民普及旅游知识，使他们成为旅游景区人力资源，直接在旅游景区工作
旅游景区游客	在游览区内设立宣传牌，加强景区旅游资源保护宣传；在旅游景区入口处向游客发放垃圾袋，要求游客将废弃物装入垃圾袋后就近投入垃圾箱；通过旅游景区公共账号（如微信、微博账号）进行旅游景区保护宣传，以扩大影响

全班学生分组到附近旅游景区进行景区资源保护宣传教育，并总结心得体会。

9.2.3 旅游景区旅游资源保护的目标

通过法律层面、规划层面、技术层面、教育层面对旅游景区旅游资源进行合理开发和保护管理，在取得合理的经济效益的同时，努力达到以下目标：

9.2.3.1 保持旅游景区外貌的完整性

旅游景区旅游资源一般都有自身的物质属性和直观形象，因此，保护旅游景区旅游资源一般应保护其原有的风貌形象，防止其原貌被破坏，不能使其整体形象被肢解。如文物古迹的价值就在于它们是历史的遗存，哪怕已经斑驳陆离，甚至残缺不全，也是历史留下的痕迹，进行修缮时，须遵循"修旧如故"的原则。"水洗三孔"事件，就是一个惨痛的教训。

9.2.3.2 保持旅游景区原有的生态环境

优美的原生态环境是旅游景区可持续发展的根基，就是人文主题的旅游景区也需要良好的生态环境作为依托。我国古人提倡天人合一，人工建筑讲究与周围环境和谐一致，巧妙利用地形地物可以制造其所需的氛围，达到"虽由人作，宛如天开"的境界。人文意境的体现，常常借助于周围环境的衬托，如果破坏了其所需的生态环境，会大伤其意境。因此，各种类型的旅游景区都应该保持优美的生态环境。

9.2.3.3 保持旅游景区的地域文化特色

旅游活动的根本动因是求异求新，人们只有追求不同的文化体验，才能产生旅游欲望。因此，对于以文化为主题的旅游景区，其重点是文化特色，只有具备独具特色的文化内涵，旅游景区才能可持续发展。然而，旅游活动常常带来不同文化的交流，极易使旅游景区地域文化产生变异，与不同特色的文化发生趋同，而且文化渗透造成的旅游景区文化变异是无法修复的。因此，必须对旅游景区的文化特色加以保护。

嘉阳·桫椤湖景区采取了哪些措施对旅游景区环境进行保护？

复习思考

一、单项选择题

1. 游客在旅游景区的放生行为会对旅游景区的（　　）带来破坏。
   A. 自然环境　　　　B. 社会环境　　　　C. 人文环境　　　　D. 生态环境
2. 地震对旅游景区的破坏属于（　　）。
   A. 突发的自然灾害　　　　　　　　B. 缓慢的自然风化
   C. 生物破坏　　　　　　　　　　　D. 可以预防的自然灾害
3. 提倡游客低碳旅行是属于旅游景区保护的（　　）。
   A. 法律层面　　　　B. 规划层面　　　　C. 技术层面　　　　D. 教育层面

4. 旅游景区过度商业化的表现是（　　）。

　　A. 修建缆车　　　　　　　　　　B. 景区店铺林立

　　C. 建设观景台　　　　　　　　　D. 培育人工林

5. （　　）成为旅游景区旅游资源保护的坚强后盾。

　　A. 法律法规　　　　　　　　　　B. 行政规划

　　C. 科学技术　　　　　　　　　　D. 教育

二、多项选择题

1. 旅游景区按环境要素可分为哪三个部分？（　　）

　　A. 旅游景区自然环境　　　　　　B. 旅游景区人文环境

　　C. 旅游景区服务环境　　　　　　D. 旅游景区交通环境

　　E. 旅游景区住宿环境

2. 旅游景区环境的特点主要有（　　）。

　　A. 内容的广泛性　　　　　　　　B. 要素的脆弱性

　　C. 形式的地域性　　　　　　　　D. 项目的休闲性

　　E. 质量的优越性

3. 旅游景区环境质量评价的内容主要有（　　）。

　　A. 旅游景区人文环境质量　　　　B. 旅游景区自然环境质量

　　C. 旅游景区基础设施质量　　　　D. 旅游景区旅游景观质量

4. 旅游景区旅游资源遭到破坏的人为原因有（　　）。

　　A. 战争的破坏　　　　　　　　　B. 旅游景区缺乏科学的规划和管理

　　C. 过分追逐经济利益　　　　　　D. 旅游景区居民和游客的破坏

　　E. 旅游景区的环境污染

5. 旅游景区资源保护的管理措施主要有哪四个层面？（　　）

　　A. 法律层面　　　B. 规划层面　　　C. 技术层面　　　D. 教育层面

　　E. 管理层面

三、判断题

1. 人文景观旅游景区绿地率不少于30%；自然度假旅游景区绿地率不少于50%。（　　）

2. 旅游景区环境是指围绕在旅游景区旅游资源周围的其他自然生态、人文因素的总和。（　　）

3. 缓慢的自然风化可以使旅游景观突然消失。（　　）

4. 旅游景区服务环境是指旅游景区服务人员所提供的服务总和。（　　）

5. 文物古迹修缮时，必须遵循"修旧如新"的原则。（　　）

第9章 旅游景区环境和资源保护管理

四、简答题

1. 旅游景区环境的概念、分类及特点。
2. 分析旅游活动对旅游景区环境的利弊影响。
3. 旅游景区环境质量评价的概念、内容及标准。
4. 联系实际，论述我国旅游景区旅游资源遭到破坏的原因。
5. 以你熟悉的旅游景区为例，对其旅游资源保护措施进行分析。

参考文献

[1] 王瑜. 旅游景区服务与管理［M］. 大连：东北财经大学出版社，2018.

[2] 曾兰君. 景区服务与管理［M］. 北京：北京理工大学出版社，2015.

[3] 冯海霞. 旅游景区服务与管理实训［M］. 上海：上海交通大学出版社，2017.

[4] 陈玲. 景区服务流程控制与综合实训［M］. 北京：中国劳动社会保障出版社，2016.

[5] 曾曼琼，陈金龙. 旅游景区服务与管理［M］. 北京：化学工业出版社，2013.

[6] 李志飞，汪绘琴. 旅游景区管理：案例、理论与方法［M］. 武汉：武汉大学出版社，2013.

[7] 张河清. 旅游景区管理［M］. 重庆：重庆大学出版社，2018.

[8] 郭亚军，曹卓. 旅游景区运营管理［M］. 北京：清华大学出版社，2017.

[9] 李长秋. 旅游景区管理［M］. 北京：旅游教育出版社，2015.

[10] 张凌云. 旅游景区管理［M］. 北京：旅游教育出版社，2009.

[11] 马勇，李玺. 旅游景区管理［M］. 北京：旅游教育出版社，2006.

[12] 佟瑞鹏. 旅游景区事故应急管理与预案编制［M］. 北京：中国劳动社会保障出版社，2015.

[13] 沈雁飞. 旅游景区人力资源管理［M］. 北京：旅游教育出版社，2012.

[14] 郑天翔. 智慧景区游客时空分流导航管理：理论与应用［M］. 北京：旅游教育出版社，2017.

[15] 杨小兰. A级旅游景区提升规划与管理指南［M］. 北京：中国建筑工业出版社，2015.

[16] 中国标准出版社. 旅游景区标准［M］. 北京：中国标准出版社，2012.

[17] 中国旅游研究院. 中国旅游景区研究报告［M］. 北京：旅游教育出版社，2017.

[18] 高伟. 九寨沟智慧景区管理体系建设［J］. 科技创新导报，2015，12（20）：177-178.

[19] 张菲菲. 黄果树智慧景区建设研究［D］. 重庆：西南大学，2015.

[20] 彭丽，谭艳，周继霞. 基于智慧旅游背景下的乡村旅游发展模式研究：以重庆合川区为例［J］. 农业经济，2014（12）：49-50.

[21] 王跃伟. 景区类旅游公司利益相关者共同治理模式研究［D］. 沈阳：辽宁大学，

2014.

[22] 夏红芳. 旅游景区管理问题及对策探究[J]. 旅游纵览(下半月), 2014(9): 40.

[23] 徐徐. 基于智慧旅游视角的旅游景区管理发展探索[J]. 产业与科技论坛, 2014, 13(16): 220-221.

[24] 付晓玉. 旅游景区管理中存在的问题及对策[J]. 济南职业学院学报, 2014(3): 86-88.

[25] 董巧红. 五台山景区管理体制创新研究[D]. 太原: 山西大学, 2014.

[26] 李志勇, 张成. 旅游景区管理与服务测评体系构建与实证检验[J]. 统计与决策, 2013(12): 63-66.

[27] 刘爱丽. 景区智慧旅游体系构建研究[D]. 泉州: 华侨大学, 2013.

[28] 刘鲜鲜. 民营旅游景区运营模式研究[D]. 青岛: 中国海洋大学, 2013.

[29] 邓贤峰, 李霞. "智慧景区"评价标准体系研究[J]. 电子政务, 2012(9): 100-106.

[30] 杨韵. 旅游景区管理现有问题及其对策[J]. 旅游纵览(行业版), 2012(6): 55+57.

[31] 安栋. 不同类型旅游景区管理模式的比较与分析[J]. 山西科技, 2012, 27(3): 18-20, 22.

[32] 田世政, 杨桂华. 社区参与的自然遗产型景区旅游发展模式: 以九寨沟为案例的研究及建议[J]. 经济管理, 2012, 34(2): 107-117.

[33] 刘宇青. 中外遗产型旅游景区管理模式比较研究及启示[J]. 安徽农业科学, 2012, 40(5): 2836-2837, 2853.

[34] 张金岭. 河南省旅游景区管理体制改革路径探析[J]. 华北水利水电学院学报(社科版), 2011, 27(5): 101-104.

[35] 谭斯亮. 张家界国家森林公园管理问题及对策研究[D]. 长沙: 中国人民解放军国防科技大学, 2011.

[36] 刘义龙. 旅游景区管理创新探索[J]. 改革与开放, 2011(8): 86.

[37] 刘学兵, 孙晓然. 我国旅游景区管理创新探析[J]. 中国商贸, 2011(11): 156-157.

[38] 唐慧. 基于社区参与的乡村旅游景区管理模式研究: 以农业生态园为例[J]. 安徽农业科学, 2011, 39(9): 5403+5407.

[39] 李新君, 林燕春, 廖铅生, 等. 武功山生态旅游景区管理模式探讨[J]. 湖北农业科学, 2010, 49(12): 3264-3267.

[40] 柴寿升, 鲍华, 赵娟. 旅游景区电子商务典型发展模式研究[J]. 山东社会科学, 2010(9): 131-134.

[41] 雷琼．低碳旅游景区管理研究［J］．现代商贸工业，2010，22（16）：46-47．

[42] 许娟，王芳．基于利益相关者理论的旅游景区管理体制优化［J］．产业与科技论坛，2010，9（8）：53-56．

[43] 秦炳贞．我国旅游景区管理人才培养问题探讨［J］．商场现代化，2010（21）：116-117．

[44] 鲁阳．旅游景区的管理体制问题探究［J］．商场现代化，2010（18）：108-109．

[45] 郭燕，陈国华，黄大志．连云港旅游景区管理存在的问题及对策研究［J］．江苏商论，2010（3）：65-66．

[46] 高栓成，石培基．我国旅游景区管理体制改革的战略思考［J］．中国商贸，2010（6）：115-116．

[47] 王霞．旅游景区中排队现象的管理研究［J］．北方经贸，2009（6）：126-127．

[48] 董芳．我国旅游风景区分类治理模式研究［D］．武汉：华中科技大学，2009．

[49] 蒋海萍，李经龙．我国旅游景区的管理体制探讨［J］．特区经济，2009（4）：140-141．

[50] 胡江川．利益相关者理论视角下的乡村旅游景区管理模式探析：以浙江仙居公盂岩为例［J］．现代商贸工业，2009，21（3）：54-55．

[51] 师清波．我国旅游景区管理体制现状分析和改革初探［J］．科技信息（科学教研），2008（25）：581．

[52] 张明新，姚国荣．旅游景区管理模式选择研究——基于景区资源产权关系［J］．资源开发与市场，2008（7）：661-662+672．

[53] 徐柯健．大香格里拉地区旅游开发模式比较分析［J］．地理科学进展，2008（3）：134-140．

[54] 曹莎．从管理体制看公共资源类旅游景区门票价格上涨［D］．武汉：华中师范大学，2008．

[55] 陈实，任姝慧，温秀，等．基于层次分析法的旅游景区管理水平测度：以西安大唐芙蓉园景区为例［J］．旅游学刊，2007（12）：40-44．

[56] 张文，李娜．国外游客管理经验及启示［J］．商业时代，2007（27）：89-91+88．

[57] 粟维斌，叶萍，钟泓．我国旅游景区开发与管理专业人才需求情况调查与分析［J］．河北职业技术学院学报，2007（4）：66-68．

[58] 阎友兵，肖瑶．旅游景区利益相关者共同治理的经济型治理模式研究［J］．社会科学家，2007（3）：108-112．

[59] 黄继华．我国生态旅游景区管理研究进展［J］．桂林旅游高等专科学校学报，2007（2）：279-283．

[60] 黄海珠．民族旅游村寨建设研究［D］．北京：中央民族大学，2007．

参考文献

[61] 李高峰. 我国旅游景区管理的问题原因及对策[J]. 商场现代化, 2007（9）: 79.

[62] 邓光玉. 基于参与主体的我国森林生态旅游管理研究[D]. 哈尔滨: 东北林业大学, 2007.

[63] 刘改芳. 山西旅游业发展中的瓶颈问题分析[J]. 经济问题, 2007（2）: 124-125.

[64] 叶仰蓬. 我国景区开发型管理人才培养问题刍议[J]. 商场现代化, 2007（1）: 293-294.

[65] 宋建平. 小浪底水利枢纽工程旅游开发与管理研究[D]. 南京: 河海大学, 2007.

[66] 吴三忙, 李树民. 基于交易成本节约视角的旅游景区治理模式选择研究[J]. 旅游科学, 2006（4）: 24-28+32.

[67] 张兆胤, 王征兵. 循环经济模式在旅游景区管理中的应用[J]. 安徽农业科学, 2006（17）: 4441+4443.

[68] 王林燕, 高永惠. 我国发展生态旅游存在的问题及对策[J]. 经济与社会发展, 2006（4）: 53-55.

[69] 钟永德, 罗芬. 旅游解说牌示规划设计方法与技术探讨[J]. 中南林学院学报, 2006（1）: 95-99.

[70] 杨富斌, 韩阳. 我国旅游景区管理法制状况述评[J]. 北京第二外国语学院学报, 2006（1）: 1-8.

[71] 李洪波, 吴建华. 试析旅游景区中的权力关系及其管理体制[J]. 广州大学学报（社会科学版）, 2005（8）: 53-57.

[72] 张先智. 旅游区经营管理模式研究[D]. 成都: 四川大学, 2005.

[73] 黄鹂. 旅游景区投资模式研究[D]. 成都: 四川大学, 2005.

[74] 肖朝霞, 杨桂华. 生态旅游景区管理的游客满意度动态监测: 以香格里拉碧塔海景区为例[J]. 资源开发与市场, 2005（1）: 70-72.

[75] 李若凝. 森林旅游资源保护与管理对策研究[J]. 林业经济问题, 2005（1）: 21-24.

[76] 武燕玲. 安阳旅游景区管理探析[J]. 安阳大学学报, 2004（4）: 116-117.

[77] 杨曦东. 贵州省旅游景区管理体制改革研究[D]. 杭州: 浙江大学, 2004.

[78] 董莉莉, 黄远水. 旅游景区经营权的有偿转让问题研究[J]. 开发研究, 2004（4）: 57-59.

[79] 吴耀宇. 我国旅游景区管理体制改革的方向与对策[D]. 南京: 南京师范大学, 2004.

[80] 邹统钎. 体验经济时代的旅游景区管理模式[J]. 商业经济与管理, 2003（11）: 41-44.

[81] 黄新建. 对江西主要旅游景区管理体制的比较研究[J]. 江西科技师范学院学报,

2003（1）：7-10.

[82] 董观志. 旅游景区管理咨询的商业空间与拓展对策：对深圳锦绣中华的实证分析[J]. 桂林旅游高等专科学校学报，2000（3）：20-22.

[83] 李洪波. 旅游景区管理[M]. 2版. 北京：机械工业出版社，2008.

[84] 刘芳. 体验营销在旅游景区的应用[J]. 商城现代化，2006，（34）：210-211.

[85] 余扬. 旅游电子商务[M]. 北京：旅游教育出版社，2015

[86] 杜文才. 旅游电子商务[M]. 2版. 北京：清华大学出版社，2015

[87] 赵文明. 旅行社管理工具箱[M]. 北京：中国铁道出版社，2015

[88] 陆均良. 旅游电子商务[M]. 北京：清华大学出版社，2017

[89] 姚兰婷. 科普旅游类活动项目的开发与实施研究[D]. 武汉：华中科技大学，2017.

[90] 刘晓静. 河南省科普旅游资源分类、评价及开发研究[D]. 郑州：河南大学，2016.

[91] 聂文佳. 古村镇文化展示空间设计与研究[D]. 北京：清华大学，2015.

[92] 周倩. 旅游景区餐饮类型及特点研究[J]. 商场现代化，2014（18）：42.

[93] 刘晓静，梁留科. 国内科普旅游研究进展及启示[J]. 河南大学学报（社会科学版），2013，53（3）：49-55.

[94] 李志丹. 景区节事活动开发研究[J]. 旅游纵览（下半月），2013（3）：128-129.

[95] 邓明艳. 旅游目的地文化展示与形象管理研究[D]. 武汉：华中师范大学，2012.

[96] 魏国彬，杨晓梅. 特色文化展示基地及其建设模式[J]. 保山学院学报，2011，30（6）：25-30.

[97] 赵旭. 旅游区旅游演艺项目规划策略研究[D]. 武汉：华中科技大学，2011.

[98] 许祖波. 文化边缘地带的多元文化展示与旅游景区互动发展研究[D]. 成都：西南民族大学，2010.

[99] 郑奕. 多媒体技术在博物馆展示中的应用及规划要求[J]. 文物世界，2008（4）：65-67.